协同创新与成果转化系列

# 国有企业科技成果转化管理创新

何丽敏 著

知识产权出版社
全国百佳图书出版单位
—北京—

**图书在版编目（CIP）数据**

国有企业科技成果转化管理创新/何丽敏著. —北京：知识产权出版社，2023.10
ISBN 978-7-5130-8912-8

Ⅰ.①国… Ⅱ.①何… Ⅲ.①国有企业—科技成果—成果转化—研究—中国
Ⅳ.①F279.241

中国国家版本馆CIP数据核字（2023）第179004号

**内容提要**

本书从国有企业使命与功能定位出发，结合国有企业发展与科技成果转化的现实意义，从宏观整体分析和微观个体分析两个层面研究国有企业科技成果转化的管理创新。本书旨在通过扎实的理论研究、案例研究和实证研究，从管理创新的角度分析和优化国有企业科技成果转化工作，可供从事科技成果转化理论研究及实践工作的人员参考。

| 责任编辑：李 潇 刘晓琳 | 责任校对：谷 洋 |
|---|---|
| 封面设计：杨杨工作室·张 冀 | 责任印制：刘译文 |

## 国有企业科技成果转化管理创新

何丽敏 著

| 出版发行：知识产权出版社有限责任公司 | 网　　址：http://www.ipph.cn |
|---|---|
| 社　　址：北京市海淀区气象路50号院 | 邮　　编：100081 |
| 责编电话：010-82000860 转 8133 | 责编邮箱：191985408@qq.com |
| 发行电话：010-82000860 转 8101/8102 | 发行传真：010-82000893/82005070/82000270 |
| 印　　刷：三河市国英印务有限公司 | 经　　销：新华书店、各大网上书店及相关专业书店 |
| 开　　本：720mm×1000mm 1/16 | 印　　张：12.75 |
| 版　　次：2023年10月第1版 | 印　　次：2023年10月第1次印刷 |
| 字　　数：202千字 | 定　　价：88.00元 |

ISBN 978-7-5130-8912-8

出版权专有　侵权必究
如有印装质量问题，本社负责调换。

# 前　言

当前，我国经济由高速增长阶段转向高质量发展阶段，需要更好地发挥创新驱动作用，促进科技成果转化是深入实施创新驱动发展战略的关键。推动国有企业科技成果转化，让科技更好地服务于经济社会高质量发展，符合国有企业创新发展和功能定位的要求。

本书基于优化科技成果转化管理的视角，探究如何通过国有企业科技成果转化的管理创新，促进国有企业科技成果转化。为此，本书通过分析国有企业的功能定位、国有企业发展与科技成果转化之间的内在联系，深化对国有企业科技成果转化管理创新的认知。基于科技成果转化管理创新的构成要素与作用机制，本书结合知识网络理论，系统构建用于分析国有企业科技成果转化管理创新的 MSKN 模型。MSKN 模型包括用于整体分析的科技成果转化管理系统和用于个体分析的科技成果转化知识网络两部分。科技成果转化管理系统从国有企业科技成果转化的目标定位、政策制度、技术管理、组织管理、外部环境层面整体分析国有企业科技成果转化的现状与管理优化方法。科技成果转化知识网络从国有企业科技成果转化的信息要素、技术要素、资本要素、组织要素、人力资本、社会环境等方面分析具体企业的科技成果转化管理创新情况。本书为国有企业科技成果转化的管理优化提供了理论研究的方法和现实实践的路径，为促进国有企业科技成果转化提供了参考借鉴，具有重要的理论价值和现实意义。

从整体层面看，国有企业科技成果转化符合国有企业本身的功能定位，是服务我国经济高质量发展的应有之举，在我国科技成果转化体系中占据主导地位。在政策制度层面，国有企业科技成果转化的政策制度建设取得了一定的成效，但还需要在权益处置、资产评估、人才激励、转化考核、容错机制这五个方面进一步完善。在技术管理层面，技术成熟度不高是阻碍我国国有企业成果转化的重要因素。为提高科技成果转化效率，国有企业应基于技术成熟度对其科技成果转化模式进行优化管理。在组织管理层面，国有企业应当结合自身定位，探索成果转化新思路，规范成果转化管理，拓宽科技成果转化模式，根据技术特点制定灵活的转化策略，加速科技成果的转化实施。在外部环境层面，为了提高企业的自主创新能力，保障创新者权益，需要结合各地区经济发展水平加强知识产权保护。人才对于国有企业的发展极为重要，各地区若想促进国有企业的发展，应当广泛引进人才，吸引外来人才的流入。

在个体层面，为促进科技成果转化，国有企业应该建立科技成果转化的管理制度，规范运行机制和流程，并注重自身结构的优化以提高资源配置；加强对技术的管理与向外对接，以市场需求为导向，开拓技术的应用市场；注重对人才的培养和激励，为科技成果转化提供源源不断的创新活力；提供专项资金支持，打造专业运营平台作为支撑，保障科技成果转化的高效运营。国有企业科技成果转化的管理创新要结合企业自身的发展定位和实际情况，并涉及不同部门不同层级的管理。因此，各决策层应该根据企业的发展定位和实际情况，有的放矢地推动国有企业科技成果转化工作。

本书的理论价值在于：解析和验证国有企业科技成果转化管理创新的构成要素与作用机制，建立适用于整体分析的国有企业科技成果转化管理系统；首次结合知识网络理论和科技成果转化的一般过程路径，建立适用于个体分析的国有企业科技成果转化知识网络；结合国有企业科技成果转化的管理系统和知识网络，建立国有企业科技成果转化管理的理论分析模型。本书的实践意义在于：为国有企业科技成果转化在技术管理、制度完善、组织优化、外部环境适应上提供了管理创新的实践方法和路径；为促进国有企业科技成果转化提供参考借鉴。

# 目录

## 第1章 引言

1.1 研究背景 / 001
1.2 研究意义 / 003
    1.2.1 理论意义 / 003
    1.2.2 实践意义 / 004
1.3 研究设计 / 005
    1.3.1 研究问题 / 005
    1.3.2 研究方法 / 005
    1.3.3 技术路线 / 006
    1.3.4 章节安排 / 008
1.4 创新点 / 009

## 第2章 文献综述和理论基础

2.1 国有企业发展与科技成果转化研究 / 010
    2.1.1 国有企业发展综述 / 010
    2.1.2 国有企业科技成果转化概念的内涵与意义 / 013
    2.1.3 国有企业科技成果转化的相关研究内容 / 014
2.2 国有企业科技成果转化管理研究 / 016
    2.2.1 科技成果转化管理的概念界定 / 016

2.2.2　国有企业科技成果转化的管理创新 / 017
2.3　主要理论基础 / 020
　　2.3.1　公司治理理论 / 020
　　2.3.2　创新发展理论 / 023
　　2.3.3　组织管理理论 / 024
　　2.3.4　知识网络理论 / 025

## 第3章　国有企业科技成果转化管理创新的分析框架

3.1　国有企业科技成果转化的管理系统 / 028
　　3.1.1　国有企业科技成果转化的管理要素构成 / 028
　　3.1.2　国有企业科技成果转化的管理系统构建 / 033
3.2　国有企业科技成果转化的知识网络 / 035
　　3.2.1　科技成果转化要素 / 035
　　3.2.2　科技成果转化的一般过程 / 039
　　3.2.3　知识网络的要素构成与连接 / 040
3.3　国有企业科技成果转化管理创新的分析模型 / 043

## 第4章　国有企业科技成果转化的目标定位研究

4.1　国有企业的功能定位 / 049
　　4.1.1　保障和完善中国特色社会主义制度 / 049
　　4.1.2　维护国家经济安全以及社会和谐稳定 / 052
　　4.1.3　保障公共政策和国家战略目标的实现 / 054
4.2　国有企业的发展与现状 / 054
　　4.2.1　国有企业历史阶段演变 / 054
　　4.2.2　国有企业发展的现状 / 057
4.3　国有企业发展与科技成果转化的内在联系 / 060
　　4.3.1　国有企业发展的基础条件 / 060

4.3.2　科技成果转化促进国有企业发展的作用机理 / 062
4.4　国有企业在科技成果转化体系中的主导作用 / 064
　　4.4.1　国家相关政策方针的制定 / 064
　　4.4.2　国有企业创新资源的丰富性 / 065
　　4.4.3　国有企业科技成果转化影响深远 / 067
4.5　小结 / 069

## 第5章　国有企业科技成果转化的政策制度创新研究

5.1　研究设计 / 071
　　5.1.1　基本制度建设情况分析 / 071
　　5.1.2　科技成果转化与国有资产管理关系模型研究 / 071
5.2　我国国有企业科技成果转化相关的中央政策法规文本分析 / 073
　　5.2.1　中央政策法规的总体情况 / 073
　　5.2.2　中央政策法规的文本内容研究 / 075
5.3　我国中央企业科技成果转化制度建设现状 / 077
　　5.3.1　部门规章制度 / 077
　　5.3.2　企业集团制度 / 078
5.4　我国地方国有企业科技成果转化制度建设现状 / 080
　　5.4.1　地方法规的总体情况 / 080
　　5.4.2　地方政策法规的文本内容分析 / 082
5.5　国有资产管理视角下中央企业科技成果转化的制度困境 / 084
　　5.5.1　制度困境分析 / 084
　　5.5.2　研究结论与建议 / 086
5.6　小结 / 089

## 第6章　国有企业科技成果转化的技术管理创新研究

6.1　技术成熟度与科技成果转化模式 / 092

6.1.1 技术成熟度 / 092
6.1.2 科技成果转化模式 / 094

6.2 研究设计 / 095
6.2.1 方法和案例选择 / 095
6.2.2 数据搜集和分析 / 096
6.2.3 案例基本信息描述 / 096

6.3 案例分析 / 098
6.3.1 高技术成熟度的科技成果转化模式 / 099
6.3.2 中技术成熟度的科技成果转化模式 / 101
6.3.3 低技术成熟度的科技成果转化模式 / 103

6.4 科技成果转化一般模式及管理流程 / 104
6.4.1 科技成果转化模型 / 104
6.4.2 自行投资实施科技成果转化管理流程 / 106
6.4.3 转让科技成果管理流程 / 107
6.4.4 许可科技成果管理流程 / 109
6.4.5 与他人共同实施科技成果转化管理流程 / 109
6.4.6 作价投资实施科技成果转化管理流程 / 111

6.5 结论与启示 / 113
6.5.1 研究结论 / 113
6.5.2 研究启示 / 113

## 第7章 国有企业科技成果转化的管理体制创新研究

7.1 研究设计 / 116
7.1.1 数据收集和分析 / 116
7.1.2 案例基本信息描述 / 116
7.1.3 国家电网科技成果转化模式 / 118

7.2 国家电网集团层面的管理体制创新 / 121
7.2.1 管理体制创新实践 / 121

  7.2.2 管理体制创新效果 / 123
  7.2.3 管理体制创新经验总结 / 123
7.3 国家电网直属科研单位层面的管理体制创新 / 125
  7.3.1 管理体制创新实践 / 125
  7.3.2 管理体制创新效果 / 127
  7.3.3 管理体制创新经验总结 / 128
  7.3.4 实践中存在的问题 / 129
7.4 小结 / 131

## 第8章 国有企业科技成果转化的外部环境影响分析

8.1 研究要素与研究假设 / 133
  8.1.1 研究要素 / 133
  8.1.2 研究假设 / 135
8.2 思路设计 / 137
  8.2.1 实证模型 / 137
  8.2.2 变量设置 / 138
  8.2.3 样本情况及描述性统计 / 139
8.3 外界环境对于企业创新的影响 / 140
  8.3.1 相关关系 / 140
  8.3.2 计量回归结果 / 141
8.4 外界环境对于国有企业绩效的影响 / 147
  8.4.1 计量回归结果 / 147
  8.4.2 外界环境对企业绩效影响的异质性 / 148
8.5 小结 / 149

## 第9章 国有企业科技成果转化的知识网络分析

9.1 案例基本信息描述 / 153

9.2 科技成果转化成效 / 154
    9.2.1 探索出央企科技成果转化实施路径 / 154
    9.2.2 形成了以增加知识价值为导向的分配激励机制 / 155
    9.2.3 加速技术存量转化为经济发展增量 / 155

9.3 科技成果转化实践 / 156
    9.3.1 构建科技成果转化制度体系 / 156
    9.3.2 建设技术转移信息平台 / 157
    9.3.3 加强人才培养与人才激励 / 157
    9.3.4 拓宽科技成果转化模式 / 158
    9.3.5 推动技术与资本要素融合 / 158

9.4 科技成果转化的知识网络分析 / 159
    9.4.1 要素构成分析 / 159
    9.4.2 要素相互关系分析 / 161

9.5 小结 / 166

## 第10章 结论与展望

10.1 研究结论 / 169

10.2 理论创新和管理启示 / 171
    10.2.1 理论创新 / 171
    10.2.2 管理启示 / 173

10.3 举措建议 / 174

10.4 不足与展望 / 178

## 参考文献 / 180

# 第1章 引言

## 1.1 研究背景

党和国家高度重视科技成果转化工作。当前,我国经济由高速增长阶段转向高质量发展阶段,需要更好地发挥创新驱动作用,科技成果转化是新时期深入实施国家创新驱动发展战略的需要。2020年10月,党的十九届五中全会通过了《中共中央关于制定国民经济和社会发展第十四个五年规划和二〇三五年远景目标的建议》,其中明确指出"加强知识产权保护,大幅提高科技成果转移转化成效"。党的十九大报告曾强调要深化科技体制改革,促进科技成果转化。十九届四中全会明确提出要建立以企业为主体、市场为导向、产学研深度融合的技术创新体系,创新促进科技成果转化机制,支持大中小企业和各类主体相融通,积极发展新动能。我国已经积累了丰富的创新资源,把科技成果转化为现实生产力成为创新驱动发展的关键一步。相较于发达国家,我国的科技成果转化效率较低。促进科技成果转化,把科技成果转化为现实生产力,成为我国促成新发展格局的当务之急。

企业在我国技术创新体系和科技成果转化过程中占据主体地位，国有企业❶在国民经济发展中占有主导作用。2019 年我国技术合同成交额达 2.24 万亿元。其中，企业共输出技术 321777 项，技术合同成交额达 2.05 万亿元，占全国技术合同成交总额的 91.5%。我国实行"以公有制为主体，多种所有制共同发展"的基本经济制度，国有企业是国民经济发展的中坚力量，是中国特色社会主义的支柱。习近平总书记指出，国有企业是中国特色社会主义的重要物质基础和政治基础。新中国成立以来特别是改革开放以来，国有企业为我国经济社会发展、科技进步、国防建设、民生改善做出了历史性贡献。当下，国有企业以"做强做优做大国有资本、培育具有全球竞争力的世界一流企业"为目标，陆续推动了"国企改革三年行动""国企改革双百行动""科改示范行动"等，想通过改革和创新更好地服务于我国经济的高质量发展。因而，推动国有企业科技成果转化，提高国有企业既有创新资源的使用效率，不仅是国有企业自身创新发展的需求，也是国有企业使命担当与责任所在。

国有企业科技成果转化已展开探索与实践。2018 年科技部、国务院国有资产监督管理委员会（以下简称国资委）发布《关于进一步推进央企创新发展的意见》，强调"把握科技发展趋势，完善创新生态，把原始创新摆在更加突出位置，引导中央企业围绕基础研究、应用研究和技术创新全链条部署，增加成果供给，促进成果转化，培育发展新兴产业"。2020 年国资委、国家知识产权局印发《关于推进中央企业知识产权工作高质量发展的指导意见》，明确提出促进中央企业知识产权的高效应用。在国家政策引导与支持下，国有企业在科技成果转化机制体制建设、平台服务建设等方面进行积极尝试与实践。据不完全统计❷，2016—2018 年，中央企业建设了 183 个科技成果转化服务平台，累计承担转化项目 5648 项，签订成果转化合同 10693 项，实现成果转化合同额 673.66 亿元。同时，影响科技成果转化的一些深层次问题更加凸显。例如，国有企业科研人员激励机制无法完全落实；领导干部科技成果转化免责政策不明确；因受国有企业法人户数限制，在科技成果转化需要新设公司；审批程序繁琐影响转化时机等。聚焦国有企业科技成果转化的问题、

---

❶ 文中不作特别说明时，国有企业均指中国的国有企业。
❷ 国资委项目《中央企业科技成果转化》统计结果，收录 71 家中央企业。

打通国有企业科技成果转化链条十分重要。

基于此，本书从优化科技成果转化管理的角度出发，聚焦于如何通过国有企业科技成果转化的管理创新，促进国有企业科技成果转化。立足于我国国情和发展实践，本书通过揭示国有企业科技成果转化的特点、规律，提炼和总结国有企业科技成果转化管理上的创新成果，为促进国有企业科技成果转化提供可借鉴、可操作的方法和路径。本书通过明确"什么是国有企业科技成果转化的管理创新""为什么要进行国有企业科技成果转化的管理创新""如何进行国有企业科技成果转化的管理创新"为基本思路，进一步构建国有企业科技成果转化管理创新的分析框架，从宏观整体和微观个体两个角度分析国有企业科技成果转化管理涉及的体系构成、基本现状和提升路径，从而优化国有企业科技成果转化管理，促进国有企业科技成果转化。具体来说，本书在宏观上建立了科技成果转化的管理系统，以技术管理为核心，由内而外地分析国有企业科技成果转化相关的组织管理、系统管理上的整体现状与创新方法；在微观上，借助知识网络理论进行国有企业科技成果转化管理的个体分析，明确优秀国有企业个体在成果转化管理上的理论分析方法、基本情况和实践经验，为推动国有企业科技成果转化提供理论分析指导和实践路径参考。

## 1.2 研究意义

针对国有企业科技成果转化管理创新的研究具有很强的时效性、现实性和必要性。它不仅立足于当前我国经济高质量发展的时代背景，结合国有企业自身创新发展的需求，也符合当下中国特色社会主义的基本国情。本书通过扎实的理论研究、案例研究和实证研究，结合创新驱动发展战略、国有经济的主导地位等，从管理创新的角度分析和优化国有企业科技成果转化问题，促进国有企业科技成果转化。其研究意义具体体现在理论意义和实践意义两个方面。

### 1.2.1 理论意义

本书的理论意义主要在于有利于丰富社会主义市场经济理论体系。国有企业科技成果转化涉及国有经济改革与发展、加快转变经济发展方式以及完善社会主义市场经济体制，是关系中国经济社会发展全局的重大战略问题，深入研究相关问题，可以明确社会主体经济条件下发挥市场配置资源作用的方法和路径。在创新驱动发展和新格局的现实背景及战略框架下，让国有经济在我国创新体系中发挥更大的作用，优化国有经济布局和结构，增强国有经济对我国高质量发展的支撑作用，有利于巩固和发挥公有制经济的主体地位，有利于坚持和完善我国基本经济制度，有利于完善社会主义市场经济体制的根基。

对新时代国有企业管理和改革理论的完善。从现有文献看，国有企业的理论研究主要集中在国有企业的功能、性质、地位和作用，国有企业混合所有制改革，国有企业创新效率等领域。在新时代背景下，国有企业如何发挥创新引领作用，如何创新管理体制机制，如何更好地释放创新活力，需要进一步深入研究。在我国经济高质量发展方式转变的现实背景和战略框架下研究国有经济问题，为其发展定位提供新视角和新思路，是对新时代国有企业管理和改革理论的完善。积极探索国有企业在我国科技成果转化体系中发挥主导作用的路径，可以加快国有企业科技成果的落地实施，使国有企业科技成果与国民经济发展更好地结合。

### 1.2.2 实践意义

本书的实践意义主要在于从优化管理的角度为促进国有企业科技成果转化提供有效的实践经验和方法建议。在现有背景下，实现国有企业科技成果服务于我国经济高质量发展的关键问题是"如何把国有企业的科技成果尽快地转化实施"。因此，研究国有企业科技成果转化问题需要明确"转什么""向哪转""如何转"，即国有企业科技成果转化的内涵、目标与路径。在此基础上，实现国有企业科技成果"转得快"的更高层次的追求。因此，从管理的角度解析和优化国有企业科技成果转化，有利于明确国有企业科技成果转化的内涵、目标、路径，有助于发现制约国有企业科技成果转化的因素，从而实现国有企业科技成果更好地服务于我国经济高质量发展，为各决策层有的放矢地制定相关政策提供思路和方向。

## 1.3 研究设计

### 1.3.1 研究问题

本书的研究目标是通过明确国有企业科技成果转化管理创新的内涵和构成要素，探索国有企业科技成果转化管理创新的分析框架，依次展开相应的管理创新分析，结合典型案例研究和实证研究，为促进国有企业科技成果转化提供有理论依据和实践价值的管理创新上的方法和模式。具体而言，本书以"如何通过管理创新促进国有企业科技成果转化"为主线，细分为以下三个研究问题。

问题一：什么是国有企业科技成果转化的管理创新？即国有企业科技成果转化管理创新的内涵和构成要素。

问题二：如何系统构建国有企业科技成果转化管理创新的分析框架？根据国有企业科技成果转化管理创新的要素构成和作用机制，结合国有企业管理和成果转化的相关理论，构建国有企业科技成果转化管理创新的分析框架。

问题三：如何进行国有企业科技成果转化的管理创新？根据国有企业科技成果转化管理创新的分析框架，明确国有企业科技成果转化的一般现状、存在问题和提升路径。

### 1.3.2 研究方法

本书主要采取文献研究、理论追溯、案例研究和实证研究的方法。

#### 1.3.2.1 文献研究

通过文献的分析，明确科技成果转化与国有企业科技成果转化管理的内涵，并了解相关研究进展，明确国有企业科技成果转化管理创新的理论基础和相关研究现状，为后续研究打下基础。

#### 1.3.2.2 理论追溯

通过挖掘科技成果转化管理的相关理论，充分了解科技成果转化管理的内涵，从而了解国有企业科技成果转化管理涉及的不同主体、客体以及相互之间的关系，明确国有企业科技成果转化管理创新的构成要素与作用机制，为构建国有企业科技成果转化管理的分析模型提供理论依据与基础。

#### 1.3.2.3 案例研究

本书的案例研究主要通过文献调研、实地访谈、问卷调查等方式获取案例相关信息。

通过选取现有国有企业科技成果转化管理创新的典型案例，归纳总结现有国有企业科技成果转化管理创新的典型实践，全面客观地分析现有国有企业科技成果转化已有的优势与存在的问题，并对国有企业科技成果转化管理的分析模型进行实证上的验证。通过选取国有企业科技成果转化管理创新的案例，具体详细地论述了管理机制体制创新对于国有企业科技成果转化的影响，以及如何在实践中优化国有企业科技成果转化的机制体制。基于对案例的分析，验证了国有企业科技成果转化管理的具体优化方法和实践建议，为促进国有企业科技成果转化提出了具体可行之路。

#### 1.3.2.4 实证研究

通过国有企业科技成果转化管理创新的外部环境因素分析，验证外界环境因素对于企业创新过程、公司经营绩效的影响与作用机制，最终为国有企业科技成果转化管理分析模型的实践提供实证上的肯定与支持，为国有企业正确应对外界环境因素，提高国有企业科技成果转化的效益和效率提供理论和实证支持。

### 1.3.3 技术路线

图1.1给出了本研究的技术路线。本书从国有企业使命与功能定位出发，结合国有企业发展与科技成果转化的现实意义，结合我国经济高质量发展的时代背景，提出研究问题"如何通过管理创新促进国有企业科技成果转化"。在充

分分析现有文献的基础上，结合创新发展理论、国有企业公司治理理论、组织管理理论、知识网络理论，建立国有企业科技成果转化管理的理论分析模型（MSKN模型），从宏观整体分析和微观个体分析两个层面研究国有企业科技成果转化的管理创新工作。在宏观整体层面，建立科技成果转化管理系统，从国有企业科技成果转化的目标定位、政策制度、技术管理、管理体制、外部环境方面研究国有企业科技成果转化管理创新的整体情况。在个体层面，建立科技成果转化知识网络，从个体分析角度对国有企业科技成果转化的情况进行考察，根据科技成果转化知识网络的信息要素、技术要素、资本要素、人力资本要素、组织要素和外部环境六个要素进行管理创新上的评估判定和优化。基于此，探索实现国有企业科技成果转化管理创新的现实路径，为国有企业科技成果转化的管理创新提供理论分析基础和现实实践建议。

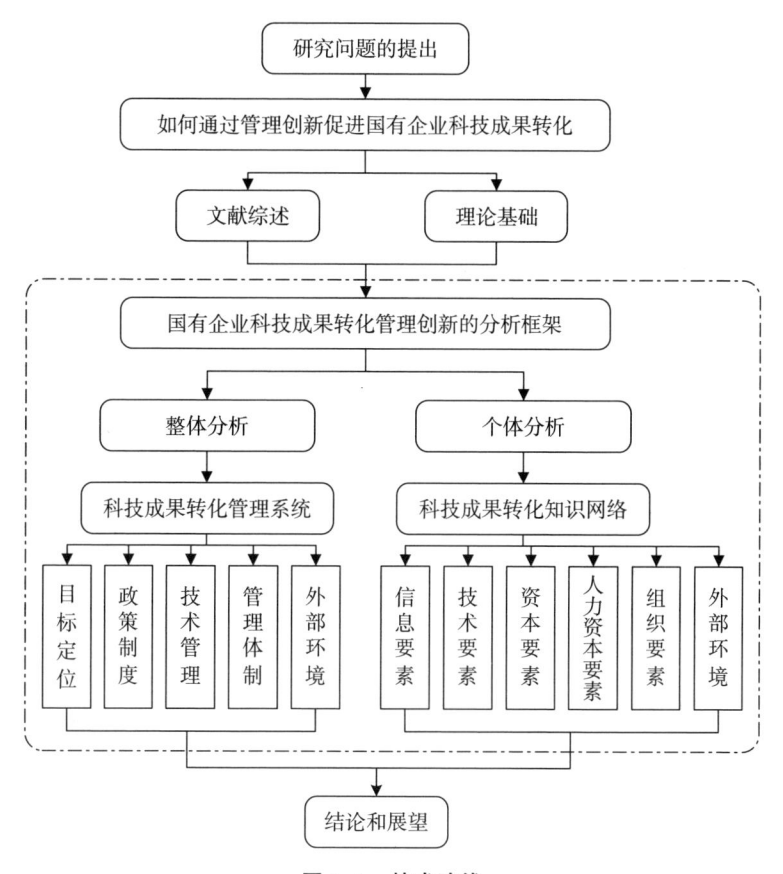

图 1.1　技术路线

## 1.3.4 章节安排

第1章 引言。包括研究的背景及意义、研究目标、研究问题、研究方法、研究框架与本研究的创新之处等。

第2章 文献综述和理论基础。研究国有企业发展与科技成果转化、国有企业科技成果转化管理相关国内外文献评述和理论基础，掌握科技成果转化管理的构成因素和主要理论基础，为后文科技成果转化管理创新和优化国有企业科技成果转化管理提供理论依据。

第3章 国有企业科技成果转化管理创新的分析框架。研究国有企业科技成果转化管理系统的构成要素，进行科技成果转化管理系统的构建；研究国有企业科技成果转化知识网络的构成；基于科技成果转化的管理系统和知识网络构建国有企业科技成果转化管理创新的分析模型。

第4章 国有企业科技成果转化的目标定位研究。研究国有企业的功能定位、发展历程和发展现状，解析国有企业发展与科技成果转化的内在联系，明确国有企业在我国科技成果转化体系中的主导地位。

第5章 国有企业科技成果转化的政策制度创新研究。研究国有企业科技成果转化管理面临的现有制度和政策环境情况。研究其历史演变趋势及未来发展方向，结合国有企业科技成果转化的情况，分析当下政策制度建设的进展与不足，为下一步改进提供理论方法和现实依据。

第6章 国有企业科技成果转化的技术管理创新研究。明确技术管理在国有企业科技成果转化管理中的关键地位。以技术成熟度的管理策略实践为例，证明加强技术管理是科技成果转化管理创新的研究起点和重要支点，为国有企业科技成果转化技术管理优化提供参考策略和借鉴模式。

第7章 国有企业科技成果转化的管理体制创新研究。以国家电网集团层面和直属科研机构的体制机制改革创新为例，验证建立健全科技成果转化工作管理制度体系的重要性。国有企业为促进科技成果转化应当努力做好体制机制的保障工作，并结合企业自身特点创新科技成果转化的管理体制。

第8章 国有企业科技成果转化的外部环境影响分析。以我国规模以上工业企业为研究对象，重点研究企业所处的外部环境对于创新过程中的技术研发阶段、产品化阶段的影响，并进一步分析外部环境对于国有企业与非国有企业绩效影响的异质性。

第9章　国有企业科技成果转化的知识网络分析。结合科技成果转化知识网络理论，以中国航空工业集团为例，研究大型国有企业在科技成果转化管理上的基本情况，分析其创新之举和不足之处，提出优化国有企业科技成果转化管理创新的具体方法和建议。

第10章　结论与展望。提出本书的研究结论、理论创新和管理启示、举措建议研究不足与展望。

## 1.4　创新点

本书的创新点主要体现在以下几个方面。第一，在研究问题方面，选择"如何通过管理创新促进国有企业科技成果转化"作为研究问题，对于更好地发挥国有企业的功能定位、进一步深化国有企业改革、实现国有企业科学技术服务我国经济高质量发展具有重要研究价值。第二，在研究视角方面，首次从管理的视角研究国有企业科技成果转化问题，有助于清晰地认识国有企业科技成果转化的问题和对策，为提高国有企业科技成果转化提供有效的政策建议，扩展了企业管理、国有企业公司治理、科技成果转化的相关理论。第三，在研究设计方面，首次建立了从宏观整体层面和微观个体层面研究国有企业科技成果转化的管理创新体系。在宏观整体层面，通过国有企业科技成果转化的目标定位研究，从技术管理、组织管理、系统管理包含的各个因素对国有企业科技成果转化管理创新进行解析；在微观个体层面，基于知识网络理论构建国有企业科技成果转化的知识网络分析模型，基于知识网络要素的构成和连接关系，用于国有企业科技成果转化管理创新的具体分析和评估。本书为国有企业科技成果转化的管理创新研究提供了新的理论方法和实践路径。

# 第2章 文献综述和理论基础

## 2.1 国有企业发展与科技成果转化研究

### 2.1.1 国有企业发展综述

我国的国有企业,是指国务院和地方人民政府分别代表国家履行出资人职责的国有独资企业、国有独资公司以及国有资本控股公司,包括中央和地方国有资产监督管理机构和其他部门所监管的企业本级及其逐级投资形成的企业。国有企业的本质判断在于国有资本对企业是否具有控制权(Peng et al., 2016;武常岐 等, 2014)。国有企业基于国家对其资本拥有的所有权或者控制权,因此政府的意志和利益决定了国有企业的行为(胡良才, 2015)。作为一种生产经营的组织形式,国有企业具有经济绩效和社会效益的双重目标,其经济效益体现为追求国有资产的保值和增值,其社会效益体现为国有企业的设立通常是为了实现国家的职能和目标(Stan et al., 2014)。不同国家或者地区的国有企业有着不同的本质及属性(Shirley, 1983)。Bruton

（2015）认为21世纪全球范围内的国有企业往往是以公私所有权和控制权相结合的混合组织形式存在，这是国有企业根据环境和经济形势的需要进行的自我调整和改变。肖红军（2018）认为现时代下我国国有企业的本质与使命功能定位是多元属性的异质性混合组织，将在弥补市场失灵、社会主义现代化建设中发挥更突出的作用。我国国有企业的商业类和公益类的分类改革能促进社会主义生产方式和市场经济的关系，提高生产方式的效率（穆艳杰等，2018）。按照国有资产管理权限划分，我国国有企业分为由中央政府监督管理的国有企业（以下简称中央企业）和由地方政府监督管理的国有企业（以下简称地方国有企业）。

自改革开放以来，我国国有企业的发展大致可以划分为四个阶段（武常岐，2019；剧锦文，2018；黄群慧，2018）。阶段划分依次为：1978—1991年，国有企业放权让利、承包责任制阶段；1992—2002年，国有企业现代企业制度建设阶段；2003—2012年，国有企业改革国资监管机构与完善国资管理体系阶段；2013年至今，国有企业混合所有制改革等深化改革阶段。我国国有企业承担着重要的经济、政治、文化、社会责任（董大海，2020）。中国改革开放以来的实践充分证明，国有企业是中国特色社会主义的重要支柱，是党执政的重要物质基础和政治基础，对于巩固社会主义政权和提高人民物质文化生活水平，以及对于共同富裕的实现都具有十分重要的意义（李德强，2016；张倩，2014）。在经济全球化和中美贸易摩擦的背景下，我国面对日益激烈的国际竞争，必须进一步加强科技创新，实现自主核心技术和尖端技术的追赶和超越（许可 等，2019）。国有企业具有资本和人才优势，还有雄厚的技术基础和技术创新能力，是新时期维护国家经济安全、赢得国际竞争的主力军（李德强，2016）。

随着国有企业的发展与演进，我国国有企业的功能定位略有变化。肖红军（2018）根据国有企业社会责任的发展与演进，认为我国国有企业的功能定位经历了附属政府机关阶段、独立的法人实体和市场经营整体阶段、经济功能与社会功能融合的现代企业阶段、多元属性的异质性混合组织阶段。概括来讲，中国国有企业主要包括经济功能、社会功能和政治功能三大部分（董大海，2020）。其中经济功能主要体现在推进现代化建设、稳定财政、宏观调控等；社会功能主要体现在公共服务、保障民生等层面；政治功能体现在践行国家方针战略、实现成果全民共享、维护公平正义等层面。全球范围内国有企业广泛存在，但不同的社会制度下国有企业的本质和职能不尽相同（Shirley，1983）。西方资本主义国家的国有经济服务于资产阶级利益，我国的国有企业属于全民所有，其存在的目的是满足和丰富全体社会成员的物质文化需求。西方国家的国有企业的功能是实现经济调节和经济稳定，我国的国有企业除具有经济调控的职能外，更为重要的是发挥国有经济的主导作用，是巩固我国特色社会主义制度的物质基础（蒋兴旺，2011）。Tõnurist（2015）认为国有企业可以成为更为积极有效的促进国家创新的重要工具。

自党的十九大提出深化国有企业改革，发展混合所有制经济，培育具有全球竞争力的一流企业之后，混合所有制改革成为国有企业改革的重要内容，相关的研究成为国内外学者研究的重点，主要包括公司治理和国家控制两个视角。在公司治理层面，Wang等（2012）检验了随着国资委的崛起，股权结构的变化对公司绩效的影响，国有股已经以国家机构股的形式从原来的国有股转移到国资委，与国有股相比，国资委机构对企业绩效的影响更为积极，且股权集中度对企业绩效有很强的正向影响。Jing和Mcdermott（2013）研究表明，中国国有企业混合所有制改革中高层管理者发挥积极推动作用，并揭示了作为内部行动者的高层管理者与制度环境之间可以达成互利的相互作用。Cuervo-Cazurra等（2014）的研究认为，对于国有企业的管理者来说，了解国家控制的时间和方式影响国有企业全球化决策的机制，能帮助他们更好地利用其特定的机构优势。Li等（2015）借鉴代理理论，区分了中国国有企业改制后的三种控制方式：国有控股、分散控制和民营控股，认为改制后的实际控制对国有企业的绩效起着至关重要的作用，其中非国有控股（分散控制和私人控股）企业更有可能提高转型后的绩效并降低代理成本。国家控制层面，Liang等（2015）从国家控制的角度来分析新兴经济体国有企业在全球化中的政府控制机制，发现虽然不同的国家对国有企业全球化的影响不同，但国家控制对国有企业全球化影响显著。在东道国，决定全球化程度和制定与外国合资的股权结构时，政府的份额比对应的合伙人更重要。Abramov等认为

(2017),混合所有制改革有利于提高国有企业的运营效率,对国家直接或间接拥有股份的监控变得越来越重要。

## 2.1.2 国有企业科技成果转化概念的内涵与意义

本书采用《中华人民共和国促进科技成果转化法》(以下简称《促转法》)对于科技成果转化的定义,即科技成果转化是指为提高生产力水平而对科技成果所进行的后续试验、开发、应用、推广直至形成新产品、新工艺、新材料,发展新产业等活动。在学界,科技成果转化的概念有狭义与广义之分,从广义来看,科技成果转化是指技术从研发到成为实际生产力这一创新链的各个环节;从狭义来看,科技成果转化更侧重于创新链的末端,即科学技术成果向实现经济效益的实际生产力的转化(贺德方,2011)。可以发现,广义的科技成果转化概念与《促转法》相符合。理论研究表明,创新链的各个环节对于科技成果转化都有着重要影响(谢兴华 等,2018;张数满 等,2018;吴寿仁,2018),科技成果转化是一项系统性、协同性的复杂工程,科技成果的再试验、开发等处于创新链前端的工作也对科技成果转化有着关键影响。基于此,本书采用《促转法》对于科技成果转化的定义。

与国内科技成果转化相对应的国外学术概念是技术转移。技术转移(Knowledge transfer)是指技术从一个地方以某种形式转移到另一地方,既包括从科技成果的研发单位向使用部门的转移,也包括科技成果在使用部门间的转移(胡书金 等,2018;陈泽宇,2019)。技术转移和科技成果转化有着紧密联系,又有明显区别。技术转移更加强调技术在不同主体的流动,强调技术成果的持有者和利益者之间的交换;科技成果转化更加强调科技成果从最初状态到形成新产品、新工艺、新材料的状态变化(张士运,2014)。因此,技术转移强调技术的流动性,而科技成果转化强调技术成熟培育的过程性。按照科技创新阶段的推动,科技成果转化流程如图2.1所示。其中,实线表示科技成果的一般转化流程,虚线则是科技成果的再生产转化过程。

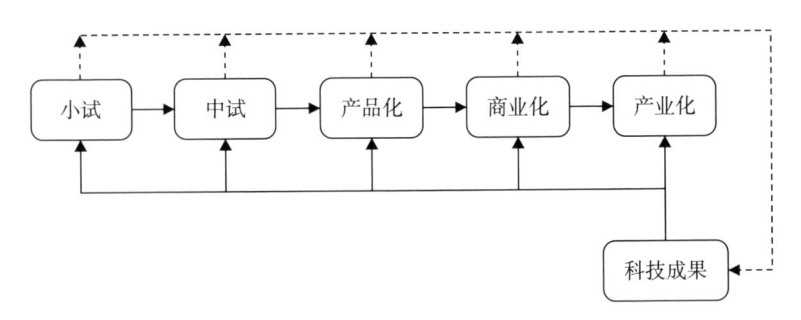

```
小试 → 中试 → 产品化 → 商业化 → 产业化
                                    ↑
                                  科技成果
```

图 2.1　科技成果转化流程

参考科技成果转化的概念，本书将国有企业科技成果转化定义为国有企业参与的对科学研究与技术开发所产生的具有实用价值的科技成果所进行的后续实验、开发、应用、推广直至形成新产品、新工艺、新材料，发展新产业等活动。从技术供需的角度来看，国有企业可以是技术供给方或者需求方，本书重点关注国有企业作为技术供给方的成果转化活动。从科技成果转化流程来看，国有企业可能参与了科技成果转化的部分或者全部流程。从合作对象来看，国有企业的合作对象可以为企业、科研院所和高校的任意一个或者多个主体。

### 2.1.3　国有企业科技成果转化的相关研究内容

对国有企业科技成果转化相关的研究，相对于高校、科研院所的科技成果转化研究较少。事实上，企业作为国家的创新主体，其科技成果的转化与推广应用是促进我国经济高质量发展的关键所在。既有研究可以归纳为"一个中心，两个角度，三个基本点"（刘剑锋 等，2015；谭一鸣，2020；李光连，2013；何立胜 等，2016）。"一个中心"是如何促进国有企业的科技成果转化；"两个角度"分别为作为技术需求方的国有企业科技成果转化和作为技术供给方的国有企业科技成果转化；"三个基本点"是国有企业科技成果转化的内部组织、外部环境与中介服务。

国有企业同时担任技术需求方和技术供给方的双重角色，不同角色下的国有企业科技成果转化遇到的问题大不一样。国有企业作为技术需求方时，参与科技成果转化的积极性不高。张江（2007）提出大多数企业更愿意接受能够进行大规模生产的成熟技术，对于必须经过中试才能实现产业化的技术产品，国有企业并不愿意冒风险去尝试。国有企业负责人的考核指标主要在于任期内业绩的稳定增长，缺乏任期中长期的激励约束机制（梁海萍，2013），导致企业负责人会规避选择风险较大的科技成果。国有企业作为技术供给方时，所能提供的成熟度高、使用性强的科技成果占比不高，大部分既有科技成果成熟度不高、实用性不强。李光连（2013）就曾指出大部分科研项目形成的科技成果，没有经过进一步的开发应用和开发使用，导致很多科研项目的科研成果与产业链脱轨，难以在实际中转化应用。汪幔（2014）提出企业会因为成本问题，不注重科技成果在生产线上的进一步开发应用，而继续使用原有的技术和设备进行生产，这也导致很多科技成果继续停留在样品或样机的阶段。

从国有企业的内部组织来讲，激励制度和考核机制不完善是国有企业科技成果转化的共有问题。一方面，国有企业的科技成果转化收益分配制度还不科学、不完善，很多企业科研成果的奖励还主要停留在职称评定的加分、科研项目评奖等创新链前端的奖励（刘剑锋 等，2015）。另一方面，王红柳（2007）也强调从事科技成果转化的人员无法取得相应的回报，且科研项目考核标准没有将科研成果的产业化、经济效益作为其中的评价标准。实证研究表明，国有企业对于人才的激励机制、考核机制的不足已经成为影响企业创新发展的重要不利因素（何立胜 等，2016）。

从国有企业科技成果转化的外部环境来讲，转化的资金不足是制约国有企业科技成果转化的原因之一。资金的缺乏会导致科技成果滞留在试验阶段，不能进一步转化成生产力（李光连，2013；汪幔，2014）。而中介平台的缺少也会导致科技成果与应用市场之间无法达成有效衔接（汪幔，2014），这是科技成果转化面临的一个广泛性的市场问题，不仅仅导致科技成果转化效率低下，还会造成重复科研等创新资源的浪费。

也有部分学者从国有资产管理的视角研究国有企业科技成果转化，认为国有无形资产的管理与科技成果转化是紧密相连的整体（杨武松 等，2015；马锋，2019）。一方面，我国一直将国有企业的科技成果和知识产权产出作为国有资产管理（毛程连，2005），科技成果转化的本质是"科技成果"作为一项资产在不同主体之间流动和交易的过程（张文斐，2019）。另一方面，对高校、科研院所科技成果转化的研究表明，科技成果转化遇到的制度困境集中于科技成果权属、利益分配、转化机制等方面，与国有资产管理紧密相关（肖尤丹，2019；张文斐，2019；宋河发 等，2016；徐洁，2018；徐明波，2020）。因此，国有企业科技成果转化管理创新层面的研究对于进一步完善国有资产管理和运营、推动国有企业的科技成果转化具有重要的理论价值和现实意义。

## 2.2 国有企业科技成果转化管理研究

### 2.2.1 科技成果转化管理的概念界定

科技成果转化管理立足于科技成果转化的实践活动，核心在于对技术的管理。因此，对科技成果转化管理的概念剖析，应该从管理的概念入手。综合国内外研究，管理的概念有以下六种代表性的论述。一是职能说。管理是由计划、组织、指挥、协调及控制等职能为要素组成的活动过程（Fayol，1916），职能说被视为管理定义的基础。二是过程说。管理是指通过计划工作、组织工作、领导工作和控制工作的诸过程来协调所有资源，以便达到既定的目标。三是协调说。管理是在某一组织中，为完成目标而从事的对人与物质资源的协调活动。四是人际关系说。管理就是协调人际关系，激发人的积极性，以达到共同目标的一种活动。五是自然属性说。彼得·德鲁克（Peter F. Drucker）认为管理是一种以绩效、责任为基础的专业职能。六是决策说。西蒙（Herbert A. Simon）认为管理就是决策。管理就是根据一个系统所固有的客观规律，施加影响于这个系统，从而使这个系统呈现一种新状态的过程。总结起来，管理的概念中至少应该包含三个关键点，即预期目标、职能活动（计划、组织、领导、控制等）、存在环境或情境（卓黎黎，2013）。基于此，国有企业科技成果转化管理的关键点在于国有企业科技成果转化的目标定位、国有企业的职能活动、外部环境的影响作用，明确这些关键点的构成要素是开展研究的工作基础。

关于科技成果转化管理的具体概念，可以从理论研究和实证研究两个层面进行界定。在理论研究层面，杨晨和施学哲（2009）把科技成果转化管理定义为运用系统的理论和方法，结合科技成果转化的规律性，通过协调与转化相关的各种关系，对科技人员、科技成果及转化资金等科技资源有效地计划、组织、指挥、协调与控制，以促进成果转化目标实现的动态管理过程。从实证研究来看，科技成果转化管理包括科技成果转化涉及的管理制度、管理模式、管理体系、管理服务等各个方面。如部分学者从知识管理的角度，构建了科技成果转化的知识管理体系，为科技成果转化提供了理论和实践指导（王桂月，2009；王辉坡，2007）。江杨和林丽珍（2019）探讨了科技成果转化的管理体系，认为完善科技评价机制、建立中介服务结构可以实现技术与市场的有效衔接。马银波（2020）对科技成果转化管理服务进行了研究，认为存在市场化运作机制有待完善、管理服务的职能任务有待拓展、管理服务的专业化能力有待提高、管理服务人员的利益分配有待明晰等问题。武常岐等（2019）提出国有企业管理的研究应当专注于解决国有企业中"国有属性"所面临的管理问题，包括研究国有企业这一特殊组织的管理目标、组织架构、管理过程、管理方法、所在环境等各管理要素之间的联系与互动规律。

基于以上研究，本书把国有企业科技成果转化管理定义为立足于国有企业科技成果转化的实践活动，以实现科技成果转化的目标为导向，对技术、人才、资本等相关要素进行有效的计划、组织、指挥、协调与控制的过程。基于此，国有企业科技成果转化管理的研究包括：国有企业科技成果转化的目标定位、国有企业科技成果转化涉及的组织职能活动、国有企业科技成果转化所在的外部环境影响作用等。必须强调的是，本书着重于探讨如何更好地发挥国有企业创新资源的行业引领和国民经济的战略支撑作用，重点考察国有企业的科技成果向外转化过程中的管理活动。

### 2.2.2 国有企业科技成果转化的管理创新

创新（Innovation）一词最早由美籍奥地利经济学家熊彼特提出。他在1912年的《经济发展理论》一书中阐释了创新的含义。熊彼特认为，创新是指企业家对生产要素的新的结合，具体包括五种情况：一是引入一种新的产品或提供一种产品的新特性;二是采用一种新的生产方式;三是开辟一个新的市场;四是获得一种原料或半成品的新的供给来源;五是实行一种新的企业组织形式。熊彼特并没有明确定义管理创新,但也明确指出管理可以创新,为管理创新后续的理论与实践发展奠定了重要基础。此后,创新理论发展成为许多流派,其中最为主要的两个分支是以技术变革和技术推广为主的技术创新理论学派和以制度变革和制度形成为主的管理创新理论学派。例如,Daft(1978)提出创新"双核心"理论,认为组织创新是包含管理创新和技术创新的一项系统工程,技术创新表现为技术、服务和产品的研发,管理创新主要表现为社会系统的进步与更新,如管理体系、组织架构和规章制度等的创新。Stata(1989)认为20世纪80年代美国制造业出现的发展瓶颈期的原因主要在于对管理创新的忽视,并由此开创管理创新研究的先河。自此,学界开始不断涌现对于管理创新内涵的讨论。Birkinshaw 等(2008)指出管理创新是以提升资源配置和职能架构效率为目的的整套管理过程、理念和方法。后来,大多数学者借鉴 Birkinshaw 等人的观点,认为管理创新是指为提高公司的绩效而进行发明和实施一种新的管理实践、过程、结构或技术(Vaccaro et al., 2012; Mothe et al., 2010; Kraśnicka et al., 2018)。中外学者关于管理创新概念界定的相关研究如表2.1所示,表中归纳了其代表人物和管理创新的概念界定。

表2.1 管理创新的概念界定

| 代表人物 | 概念界定 |
| --- | --- |
| Damanpour 等(1987,1984) | 管理创新是指组织实施生产、供应链管理、质量管理系统等新管理实践或理念而产生的组织结构与过程上的变化 |
| Benghozi(1990) | 把管理创新和技术创新、市场创新等进行比较分析,认为除技术和经济问题外,企业还需重视管理问题,把管理创新从市场和技术的研究范畴中剥离出来 |
| Birkinshaw 等(2006,2008) | 发明和实施的一种全新的管理方法、过程、结构或技能;能更好地实现组织目标的过程 |
| Hamel 等(2006) | 管理创新是对传统的管理原则、流程和实践的明显背离,或者是对惯常的组织形式的背离,这种背离能极大改变管理工作方法 |
| Mol 等(2009) | 管理创新就是企业为提高组织绩效而引进新管理实践的过程 |

续表

| 代表人物 | 概念界定 |
|---|---|
| Lynch（2007） | 管理创新是员工培训、倾听员工心声、工作设计和报酬共享等过程 |
| Armbruster 等（2008） | 将创新分为技术性产品创新、技术性服务创新、技术性工艺创新和非技术性工艺创新，其中非技术性工艺创新即管理创新 |
| 常修泽 等（1994） | 将管理创新视为组织创新在经营层面上的辐射，把管理创新界定为对新的管理方式的引入，把降低交易成本视为管理创新的目标 |
| 芮明杰（1994） | 创造一种更有效的资源整合范式，这种范式可以是新的有效资源整合以达到企业目标和责任的全过程式管理，也可以是新的具体资源整合及目标制定等方面的细节管理 |
| 李燚（2007） | 管理创新不只是一种在现有结构中降低成本的方法，也可以是对现有资源整合范式本身的改变，可以体现为原有绩效的渐进甚至突破式的增长，是资源整合范式的飞跃 |
| 苏敬勤和林海芬（2010） | 管理创新是一种目标导向型活动，目的在于推动组织变革、调整组织规范、维持组织运行或改进绩效水平 |
| 荆树伟和牛占文（2014） | 企业为有效利用资源、提高组织绩效、实现组织目标而对原有管理活动或过程进行有效的变革 |

基于以上研究，本书对管理创新的理解是企业提高资源配置、组织效率从而实现组织目标在管理体系上的进步，具体包括管理方法、过程、结构或技能等层面。可以从抽象层面和运作层面两个维度来明确创新管理内容。从抽象层面看，管理创新的内容表现为管理理念的创新；从运作层面来看，管理创新即管理方法、管理过程、管理技能和组织结构的创新（Guillén,1994）。基于此，本书认为国有企业科技成果转化的管理创新包含以促进国有企业科技成果转化为目标，有利于提高国有企业科技成果转化效率的政策制度、企业组织结构、管理过程、规章制度、理念方法等方面的创新。采用管理的基本思想和方式促进国有企业科技成果转化，需要建立科学、系统、完整的管理体系。成套的管理体系有助于发现和解决管理过程中的问题，规范管理手段，完善管理机制，实现既定目标（卓黎黎，2013）。据此，科技成果转化管理创新应当建立一个在一定政治、经济、社会环境下，将科技成果转化管理的目标定位、组织结构、机制体制、方式流程等要素进行有机组合研究的分析系统。通过这种系统的建立和应用，可以有效发现并解决科技成果

转化管理过程中出现的弊端和不足，充分反映科技成果转化工作的运行特征和规律，从而实现管理优化的目标。

在知识经济中，管理创新的作用将变得越来越重要。管理创新与企业绩效之间的积极关系也得到大量实证（Kraus et al.，2012；Gallego et al.，2013）。创新管理将成为现代企业生存或改善市场地位的必要条件之一（Kraśnicka，2018），因为它塑造了企业的创新方向（Wood，2007；Dobni，2008），并通过开发新的结构解决方案、设计组织流程、寻找组织外部的资源来实施。企业的管理创新不仅产生于组织内因，同时受到外部环境的影响。Burns（1961）通过对不完全契约框架下的研发活动组织的研究，分析了组织内部创新的产权分配影响创新的频率和规模的影响机制。此外，国家的经济政治环境对企业的管理创新影响深远，中国政府的态度对于中国企业（尤其是国有企业）的管理创新影响显著。李波和王林丽（2018）认为中国国有企业管理创新动因演化与国家深化改革政策在时间周期上具有相似的一致性。韩晨和高山行（2018）研究表明，中国企业创新能力的提升需要改革相关管理体系，提升企业管理创新能力，政府支持能显著促进国有企业的管理创新。从创新扩散角度来讲，管理创新与技术创新的扩散具有相似性，Teece（1980）认为管理创新和技术创新都因为能带来超额的创造利润而被采用。因此，对国有企业科技成果转化的管理创新进行研究具有鲜明的时代意义和中国特色，需要考虑企业内部和外部环境的多重因素影响，是提高国有企业运行效益和效率的有效途径。

## 2.3 主要理论基础

### 2.3.1 公司治理理论

Belloc（2012）认为企业的治理结构对其产生技术创新的能力至关重要。我国国有企业受制于政治治理和法律治理相结合的双重治理结构，有着特殊的企业性质、使命和功能（Wang，2014）。因此，不同于一般企业，我国国有企业在治理目标、委托代理层级、治理主体和治理重点上有着特殊性。《国务院办公厅关于进一步完善国有企业法人治理结构的指导意见》（国办发

〔2017〕36号）明确了国有企业治理体系的具体要求，可以从内部治理和外部治理两个方面进行研究。

国有企业的内部治理结构包括国有资产监督管理机构治理、董事会治理、经理层治理、监事会治理、党组织治理五个部分。图2.2为我国国有独资公司的内部治理结构，该结构显示出国有企业内部治理的三个显著特征：一是党组织在国有企业治理结构中占据绝对重要地位，承担决策、监督和执行等各项领导职能；二是董事会作为决策机构，受国资委、监事会监督，对国资委负责；三是国资委作为出资代表，是国有企业的权力机构。国有企业的外部治理结构，可以划分为常规外部治理和国有企业特有外部治理，如图2.3所示。国有企业常规性外部治理，与一般公司的外部治理相同，受到包括法律、市场等因素的影响；国有企业的特有外部治理包括各级巡视组、纪检部门、审计部门、社会监督等，以保障国有资产更好地服务人民。

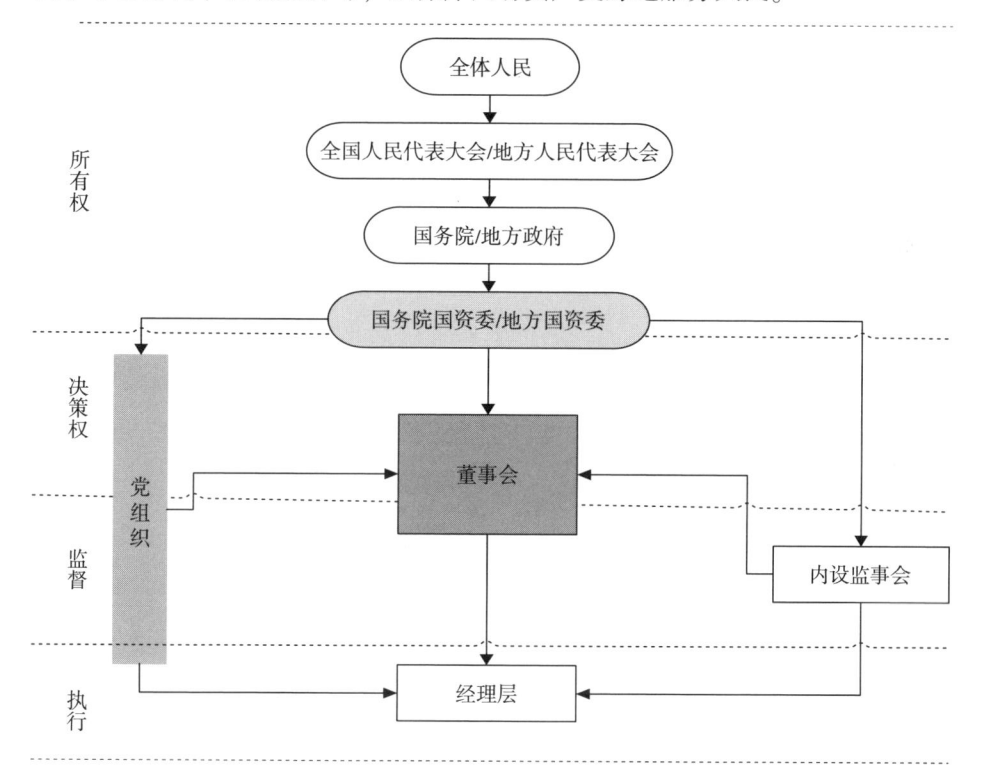

图2.2 我国国有独资公司的内部治理结构

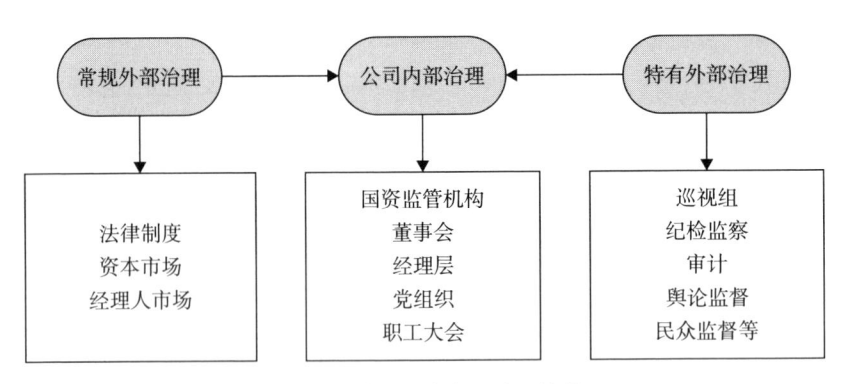

```
常规外部治理 → 公司内部治理 ← 特有外部治理
       ↓              ↓              ↓
   法律制度      国资监管机构        巡视组
   资本市场       董事会           纪检监察
   经理人市场     经理层            审计
                党组织           舆论监督
                职工大会         民众监督等
```

**图 2.3 我国国有企业治理结构**

基于我国国有企业内外共治的管理结构，其涉及的公司治理理论主要以委托—代理理论为主。

委托—代理理论。首先，现代企业制度基于企业所有权与经营权分离而形成委托—代理关系；当委托人与代理人实际利益不一致时会产生利益冲突，造成代理成本；基于信息不对称和契约不完善理论，为确保委托人利益形成了公司治理（Sappington，1991；Grossman，1992；Propper，1995）。在现代企业制度下，外部股东持股占据公司权益资本中的绝大部分，并不对公司的生产经营进行实际上的控制，公司的实际控制权掌握在持有少量股份或不持有股份的经营管理层手中。因为存在信息不对称，当公司所有者与经营者利益目标不一致时，经营者可能会因追求自身利益最大化而牺牲公司所有者及公司利益。据此，委托—代理理论为现代企业的公司治理问题提供了借鉴（代飞，2018）。创新企业管理理念，改进公司治理机制，改善委托代理关系，降低代理成本，成为当前深化国有企业改革的重中之重（周志强 等，2020）。国有企业存在多级的委托—代理关系，本书中的委托—代理理论可以用来分析国有企业科技成果转化中因国有资本在企业中"所有权缺位"而导致对公司成果转化进展推动的不利影响，为支持国有企业科技成果的处置权、收益权下放提供理论支持。

利益相关者理论。利益相关者理论的核心思想主要为外部控制型公司提供治理依据。Freeman 和 Reed（1983）从宏观和微观层面分析了影响和被影响公司目标实现的诸多因素，微观因素如股东、员工、债权人以及消费者等，宏观因素如政府、社区等，这些因素都被纳入利益相关者管理的范畴。利益相关者理论认为，公司各利益相关者分别追求自身利益最大化，个体行为会受到其他利益相关者行为的约束，不会无限度扩大自己的利益而损伤其他利益相关者的利益，否则公司既定的契约条款会被损坏，将形成新的利益相关者关系。因此，股东承担的为有限责任和风险，其他利益相关者担负剩余风险（代飞，2018）。在公司的经营活动中，公司经营者在维护股东利益和自身利益之外，还需要承担一定的社会责任。利益相关者理论为本书分析国有企业科技成果转化管理的构成要素建立提供了理论支撑，为国有企业科技成果转化管理系统的指标建立提供了参考与借鉴的依据。

国有企业改革理论。公司治理改革是提高国有企业绩效的有效途径，公司内部治理结构的改革可以对企业绩效产生显著的积极影响（Aivazian et al.，2005）。理论研究表明，我国国有企业改革可以增加资本边际产出、提高资本的动态配置效率、促进全要素生产率增长、更好地发挥自身外部溢出效应，因而，国有企业改革显著提升了我国经济增速（许召元 等，2015）。在国企改革中，政府为国有企业的出资人和监管人，决定了国有企业的多元属性，在一定程度上导致国有企业经营方向的不确定性（顾功耘 等，2014）。因此，根据国有企业的不同功能对国有企业进行分类，明确不同国有企业的功能定位与职能，以管资本为主调整政府的监管职能，推进国有企业混合所有制改革是国有企业改革的重要方向（王东京，2019）。国企改革理论指明了我国国有企业发展前进的方向，为国有企业科技成果转化提供了重要的现实背景框架和理论基础依据。

## 2.3.2 创新发展理论

熊彼特最先提出创新发展理论。熊彼特在1912年出版的德语版《经济发展理论》中最早提出创新的理论和概念，阐述了创新是经济发展最重要的驱动力。熊彼特认为，创新内生于生产过程，经济发展的实质是经济体系和经济结构的持续性创新和组合，经济发展是"创新—扩散—繁荣—萧条—创新"的循环往复过程。具体来讲，创新主体通过创新而获得高额利润，引发模仿行为从而导致创新的扩散。创新的扩散起初使得竞争加剧并进一步把创新全面推向市场，随着模仿者的增加和创新利润的下降，经济将由繁荣转向萧条，萧条则促进新一轮的创新和经济增长。

此后，创新发展理论发展为很多分支，其中最为主要的两个分支为技术创新理论和制度创新理论。技术创新理论强调技术创新是推动经济发展的核心，关注于新技术的产生与推广、技术扩散、技术与市场的关系等。制度创新理论认为制度创新是决定经济增长的核心，关注于经济组织的组织结构、组织理念、组织制度等革新（张金艳，2019）。自 Daft（1978）提出创新"双核心"理论之后，技术创新和制度创新均受到学者们广泛的关注，两者之间的相互影响关系也成为学界共识。本书的研究实质上是从制度创新的角度促进技术创新的实现，因而创新发展理论为本书的研究动机提供了理论基础，也为研究的展开提供了具体方向。

### 2.3.3 组织管理理论

组织管理理论（组织理论）是研究组织结构、职能、运转以及组织中管理主体的行为，并揭示其规律性的逻辑体系（周颖洁 等，2007）。组织管理理论经历了古典组织理论时期、行为科学时期和现代组织理论时期。组织理论来源于社会实践，是认识与实践相统一的发展过程。组织管理的变革可以帮助企业提高绩效水平，同时组织绩效是企业组织变革的驱动力（孟范祥 等，2008）。基于企业的发展战略与定位的组织架构使得企业获得竞争优势（Ruff，2006）。

斯科特和戴维斯（2011）从开放系统视角研究组织，认为组织是相互依赖的活动与人员、资源和信息流的汇聚，这种汇聚将不断变迁的参与者同盟联系在一起，这些同盟则存在于更为广泛的物质环境与制度环境之中，即组织是由相互依存、松散耦合部件组成的吸引，这些部件之间穿行着物流、能流和信息流。从开放系统视角来看，组织管理包含组织实现既定目标、适应环境、自我结构调节等各方面。因此，组织管理要从网络化、系统化的视角出发，才能更好地服务于组织目标。兰衍霏（2015）通过对网络化研发组织模式对组织结构创新影响的研究，证明网络化研发组织模式对成员企业组织结构创新产生显著的正向影响。基于此，国有企业科技成果转化管理系统的构建必须基于网络化、开放系统的视角。组织管理理论为本书国有企业科技成果转化管理系统的构建视角、构建要素、构建体系提供了重要的理论支撑。

### 2.3.4 知识网络理论

管理学领域对知识网络的研究最早起源于20世纪90年代的瑞典工业界，用于解释科学知识生产和传播的活动以及知识的市场化运用完善。后来，学者们对于知识网络的研究有了不同的研究视角和理解。Sharda（1990）认为知识网络是由专家、信息、知识等汇聚形成的社会网络。Seufert等（1999）使用"知识网络"一词来表示许多人、资源和他们之间的关系，他们聚集在一起，主要是为了通过知识创造和转移过程积累和使用知识，以创造价值。Cappellin（2009）认为知识网络是由知识作为主体构建而成的促进知识转移的各种关系之和。Phelps等（2012）认为知识网络是由知识链构成的用于知识共享和知识创造的网络体系。可以发现，学者们关于知识网络的理解有一定共性：知识网络由知识创造的主体、客体等各个要素连接而成；网络与外界环境有联系；知识网络的内部结构会改变以实现和促进知识的传播和转移（徐雷等，2017）。基于此，本书认为知识网络是在知识创造、传递、转移过程中形成的各项要素关系之和。这里强调知识网络形成的三个支点：知识的创造、传递、转移过程；涉及的各种要素；要素之间的关系。

在知识网络的发展与应用方面，Seufert等（1999）基于知识网络是一个动态结构的理解，建立了知识网络的基本框架。该框架由以下三个要素组成：一是行为主体（包括个人、团队、组织）；二是行为主体之间的关系（这些关系可以按照形式、内容、强度进行分类）；三是各行为主体在它们的关系中所运用的资源和制度特性（包括结构维度和文化维度，例如控制机制、标准处理程序、范式和规则、沟通模式等）。这些要素被组合在一起，通过知识创造和转移过程积累和使用知识，最终实现价值创造。因此，知识网络管理是指一种主动的、系统的方法，用于规划和设计有目的的、形式化的知识创造和转移网络，并为培养新兴的、非正式的网络创造条件。Inkpen和Tsang（2005）利用社会资本框架为三种常见的网络类型确定结构维度、认知维度和关系维度，将资本维度与促进知识转移的条件联系起来，并据此提出促进不同网络类型的知识转移的条件。Mohan（2007）利用知识网络框架建立一个原型系统，用于解决制药行业的新产品开发中知识分散的问题。在社会资本框架的基础上，Rottman（2008）通过企业内部网络、战略联盟和工业区三种类型的知识转移与社会资本之间关系的研究，提出促进不同主体之间知识转移的条件及实践。Filieri 等（2014）通过一个成功的医药网络的演变来探究网络内部的演化过程及其对知识传递的逐级影响，表明网络配置对知识传递的重要性。随着经济社会的发展，知识网络的研究已经逐渐从框架架构到内部配置、从促进知识转移到控制知识转移的方向演变。

知识网络模型是有效解析知识流动过程的一种理论模型，可以用于研究知识的传递及转移过程，也能很好地体现国有企业技术成果转化的复杂性和系统性。因此，基于知识网络模型分析国有企业科技成果转化的管理创新具有理论上的可行性和合理性。

# 第3章 国有企业科技成果转化管理创新的分析框架

本章基于公司治理理论、创新发展理论、组织管理理论、知识网络理论等主要理论基础，结合国有企业科技成果转化管理创新的内涵和构成要素，构建国有企业科技成果转化管理创新的分析模型，为国有企业科技成果转化的管理创新研究提供新的理论支持和分析工具。本章从宏观整体和微观个体两个层面构建国有企业科技成果转化管理创新的分析框架。在宏观整体层面，建立国有企业科技成果转化管理系统，从技术管理、组织管理、系统管理解析国有企业科技成果转化的现状和问题，包括整体层面上国有企业科技成果转化的目标定位、技术管理、组织管理、制度创新、环境影响五个方面的基本情况和管理创新。从微观个体层面，建立国有企业科技成果转化的知识网络，聚焦于国有企业个体上的科技成果转化具体过程，从科技成果转化知识网络的信息要素、技术要素、资本要素、组织要素、人力资本和社会环境方面分析国有企业科技成果转化的管理创新方法。

## 3.1 国有企业科技成果转化的管理系统

为实现国有企业科技成果转化管理创新的整体情况分析,本书建立以科技成果为核心,通过目标定位、组织结构、管理制度和管理过程的交互作用作为职能支撑,经外部环境与外界组织互动对接,从而实现科技成果转移转化的国有企业科技成果转化管理系统。该系统适用于国有企业宏观整体上的分析,为国有企业科技成果转化的管理创新研究提供了理论分析基础,为国有企业科技成果转化的管理创新实践提供了分析工具和决策依据。

### 3.1.1 国有企业科技成果转化的管理要素构成

构建国有企业科技成果转化管理系统的分析框架,首先要对国有企业科技成果转化管理所涉及的要素与作用机制进行分析。鉴于国有企业公司治理的特殊性,组织的目标定位、国家的政策制度成为国有企业的管理创新活动必须考虑的要素。科技成果转化管理的核心是以实现技术应用为目标的科学技术的管理,因此对技术的管理是本书的研究基础与核心支点。管理目标、管理职能的达成需要组织结构来实现,本书将在技术管理的基础上对涉及的组织结构创新进行分析。考虑到科技成果转化是多主体之间的经营合作活动,进一步明确国有企业科技成果转化的管理创新,对科技成果转化活动所处的外部环境因素进行分析必不可少。

#### 3.1.1.1 组织的目标定位

明确国有企业的目标定位是研究国有企业科技成果转化管理创新的前提条件。组织目标是用来评价组织绩效的标准,体现了组织和它所处环境之间的期望关系(Thompson et al., 1958)。组织的目标定位是一个组织区别于其他组织的关键性标志,组织目标的实现是组织存在和发展的关键(Gross, 1969)。组织活动需要有明确的目标定位,模糊的组织目标会引发管理活动的混乱。实际上,组织的目标定位不仅为组织行动提供相关准则,也能指导组织结构的设计，甚至决定资源的配置（张康之，2019）。基于此，国有企业的目标定位决定了国有企业科技成果转化的行动基础和发展方向。因此，国有企业科技成果转化的管理创新首先要明确国有企业的目标定位，需要对国有企业在我国科技成果转化体系中的地位作用有清晰的认知。

Zhang（2019）研究认为，2017年国有企业在中国国内生产总值中所占的份额为23%~28%。事实上，对国家经济和国家安全至关重要的产业全部或大部分由我国政府控制，在其他重要的支柱性、战略性产业中，国有企业也扮演着主要角色，且国有企业是政府鼓励中国自主创新计划的一个关键推动者（Szamosszegi et al.，2011）。事实表明，以国有企业为支撑的中国经济取得了巨大成功（Lin等，2020）。知识经济的到来，使得能源、资本、自然资源对经济发展的决定性影响大大降低，而信息、技术、知识和管理等新生产要素的作用日益增强。相较于私营企业，国有企业对于长期才能出现创新成果的基础领域投资更多，国家所有权对于创新有着积极影响（Belloc，2014）。研究国有企业科技成果转化的管理创新，必须对我国国有企业科技成果转化的特征进行分析，必须考虑我国国有企业的功能定位和发展历程。

### 3.1.1.2 国家的政策制度

国有企业科技成果转化的管理创新研究要考虑国家的政策制度这一关键要素。一方面，我国科技成果转化的推动受到国家政策制度强有力的影响，并且科技成果转化面临的政策制度约束成为制约科技成果转化的重要问题。常旭华等（2019）认为财政资助形成的发明权属不清是我国科技成果转化的最后一道障碍，政府需要从制度层面改善我国科技成果转化的不利局面。孟牟俨俨（2018）研究表明，通过立法或者制度政策促进科技成果转化迫在眉睫，为提高科技成果转化效率要进一步明确成果转化制度，形成良好的法律制度保障。肖尤丹（2019）认为科技成果转化制度的完善与改革，要考虑国家法律制度背景，发挥市场机制的作用。另一方面，国家的政策制度方向决定了国有企业的行动方向。王永（2014）的研究表明，在我国国有企业的不同发展阶段，政府行政力量的主导和推动是国有企业管理创新的主要因素。自改革开放以来，随着全球化、市场化的不断推进与深入，我国国有企业的管理战略、结构、制度与思想也在不断发生变革。此外，国有企业改革一直都是我国经济体制改革中的重要核心内容（焦明宇，2012）。国有企业的内外治理结构同样表明，党组织对国有企业具有决策、监督、执行的权利。坚持党的领导是国有企业的独特优势，也是国有企业治理结构的最大特色。

基于此，我国的政策制度是国有企业科技成果转化需要分析的关键要素。国有企业科技成果转化的管理创新研究需要对相关的政策制度情况进行分析，需要明确我国国有企业科技成果转化的政策制度基本情况，并根据促进国有企业成果转化的目标对政策制度的创新提出新的需求和完善方向。

### 3.1.1.3 技术成果的管理

对技术的管理是科技成果转化管理研究的核心支点。理论研究表明，科技成果是否能够成功转化，除去外部条件的影响，根本上取决于技术本身，比如技术的有用性和易用性、技术成熟度、技术质量等（李方 等，2019；邢晓昭 等，2018；赵莎莎 等，2018）。李方和张胜（2019）认为，进行专利许可要考虑技术的有用性和易用性，技术的这两种属性可以用做解释和预测消费者对技术产品接受的判断。邢晓昭等（2018）提出科技成果的技术成熟度是影响科技成果能否成功市场化的重要标准，并对科技成果成熟度进行了评价理论和评价实践上的研究。赵莎莎和张新宁（2018）认为技术本身的质量是决定科技成果能否顺利转化实施的关键。

其中，技术成熟度对于科技成果成功转化的影响至关重要。科技成果转化作为一种以技术为核心的多方合作项目，应当根据技术成熟度进行项目管理和最优决策。一方面，成熟度低的科技成果在转化时会给企业带来更高的不确定性和风险，从而影响科研单位与企业的合作行为。沈慧君等（2019）的研究表明，技术的成熟度越高，在技术许可时高校对企业采用排他性许可的倾向越高，并指出合理的契约能提升高校技术转移的有效性，促进科技成果产业化。另一方面，在科技成果转化过程中，技术成熟度可以为项目风险管理提供方法论和实践支撑，为技术的产业化提供最优的实践选择（程文渊 等，2017）。实践证明，技术成熟度在科技项目管理、国家科技计划项目管理、工业体系建设评价中有重要的应用价值（程文渊 等，2017；吴龙

刚 等，2017）。

总之，技术成熟度决定着科技成果转化的风险系数，甚至影响到科技成果转化主体之间是否能达成合作。同时，技术成熟度也可以为项目的优化管理提供理论和实践支撑。因而，科技成果转化中的技术管理的优化可以以技术成熟度为着眼点，优化国有企业科技成果转化管理决策，从而推动技术的转化实施。

### 3.1.1.4 组织结构的管理

科技成果转化管理的实现需要组织结构的支撑。为了更好地适应外部环境和提高组织效率，企业可以对自身的组织结构进行调整和配置，这个过程又称为组织结构的创新（也可称为组织结构的变革）（何波 等，2004）。为面对日益复杂的经济形势和竞争环境，企业需要调整自身的组织结构，进行组织管理的创新，以实现企业外部市场的高效性、竞争力和可持续性（Savchenko et al.，2015）。组织结构的创新主要包括两个方面：一是对组织结构的关键要素进行变革。如完善规章制度，增加组织规范；改变分权化程度，加快企业决策制定等；二是对组织结构的重新设计和构建。如重设工作职务、程序，拓展职务内容或变革薪酬制度等（兰衍霏，2015）。于茂荐（2021）研究表明，研发组织的结构对企业创新有显著影响，长期导向的集中研发组织有助于企业对供应链上游创新的利用，市场导向的分散研发组织更有助于企业对供应链下游创新的利用。因此，组织结构的创新能提高组织绩效，进而促进组织目标的实现。

理论研究表明，管理体制的创新与变革能够完善组织的职能，提高组织的管理绩效，促进组织目标的实现，对于企业等组织的发展有着重要的推动与支撑作用（姜影，2014；易继明，2015）。机制体制中各主体之间的连接关系显著影响创新主体参与创新的积极性，从而影响组织创新活动的绩效（李建花 等，2016）。因此，支持创新要素高效集聚的体制机制研究对于国有企业科技成果转化工作的推进具有重要的理论价值和实践意义。叶建木等（2021）研究表明，企业的制度因素是导致我国科技成果转化不畅通，造成科技资源极大浪费的重要因素。张雨（2005）认为我国农业科技成果转化的运行机制对于成果转化有决定性作用,我国农业科技成果转化率不高与运行机制不适应密切相关。我国国有企业的改革实践证明,国有企业的发展需要不断调整政府与国有企业之间的关系,不断进行国有企业管理体制的创新与变革,在改革中不断发展与完善,以更好地适应时代的变化(张旭 等,2020)。促进国有企业科技成果转化是深入实施创新驱动发展战略的重要之举,也是国有企业适应时代需求与完善自身发展的应有之策。因此,研究国有企业科技成果转化管理体制创新,可以帮助国有企业完善自身机制体制,促进科技成果转化有效进行。

基于此,对国有企业科技成果转化中的组织结构创新的深入研究十分重要。本书将会着重考察国有企业科技成果转化涉及的制度创新与机制体制优化问题。

### 3.1.1.5 外部环境的影响

管理创新的发展与组织所处的外部环境有紧密的联系。组织的外部资源和内部资源对于组织创新都很重要(Damanpour et al.,2006)。在不断变化的环境中,组织的生存与发展需要提高适应性,即整合和重新配置内部和外部技能和资源的能力(Eisenhardt et al.,2000),创新管理可以促进独特能力或知识等资源的产生(Hecker et al.,2013),使组织适应不断变化的外部条件,在激发组织灵活性和创造能力的过程中发挥关键作用。Shao 等(2020)的实证研究表明,外界环境因素对企业创新的影响不仅限于新技术、新产品和新系统的创造,还可能导致新技术、新产品和新系统的采用和应用。开放系统理论认为,组织管理包括目标实现、适应环境和自我调节等过程(斯科特 等,2011)。因此,对组织管理创新的研究不仅需要考察组织内部的结构,也需要对组织所处的外部环境进行分析。对外部环境的感知能力和企业创新发展和组织绩效都有着紧密的关系(Wang,2011)。国有企业的管理创新受到我国政治环境、经济环境、社会环境的深刻影响,与我国社会的发展紧密相关。我国经济体制的转型也从国有企业生存环境的改变上要求和迫使国有企业做出适应环境变化的管理创新选择(王永,2014)。

环境因素对于企业创新活动有显著的影响,且直接作用于创新过程(Moultrie et al., 2007)。外部环境的复杂性和不确定性影响企业创新的程度、类型、组织和管理，当外界环境因素与企业内部组织的契合度越高或者配置越一致的时候，越有助于提高组织的绩效（Tidd，2001）。理论研究表明，国家外部环境的治理改善和企业内部管理的提高对于企业创新都有着十分重要的影响。张劲（2020）认为治理环境的改善能够显著提高企业研发投入，公司所有权和控制权的分离会削弱企业的研发投入。李文（2019）以中国钢铁的产业升级为例，证明技术创新和制度创新对于产业的发展都十分重要，当技术创新和制度创新处于协同发展状态时，产业升级的效率最高。国有企业科技成果转化的管理作为一种关于技术创新和制度创新的管理活动，也包括对外部环境的发展与变化进行及时的反馈与调节。因此，对于国有企业科技成果转化的管理创新研究需要考虑外部环境对于企业创新及企业组织绩效的影响。研究企业科技成果转化的外部环境，要从科技成果转化活动涉及的主要外部环境因素出发。

研究国有企业科技成果转化的管理创新，需要对国有企业科技成果转化相关的外部环境因素进行分析。科技成果转化既可以视为嵌套于企业创新活动中的一部分，也可以视为包含企业创新活动的一个过程。因此，国有企业科技成果转化管理系统的构建，必须考察宏观经济社会等外部环境因素对于国有企业创新和绩效的影响。

### 3.1.2 国有企业科技成果转化的管理系统构建

前文已经对国有企业科技成果转化管理创新的要素和机制进行了相关的理论研究。基于此，形成国有企业科技成果转化管理的研究逻辑：国有企业科技成果转化管理创新的研究内核在于技术管理的优化，研究中层在于承担国有企业科技成果转化的组织管理（包括目标定位、管理制度、组织结构、管理过程等）的创新，研究外层在于外界环境因素对于国有企业科技成果转化环境的影响。因此，本书对于国有企业科技成果转化管理研究形成了从技术管理、组织管理到系统管理的分析层次，从而建立国有企业科技成果转化管理系统的分析框架，其概念模型如图3.1所示。

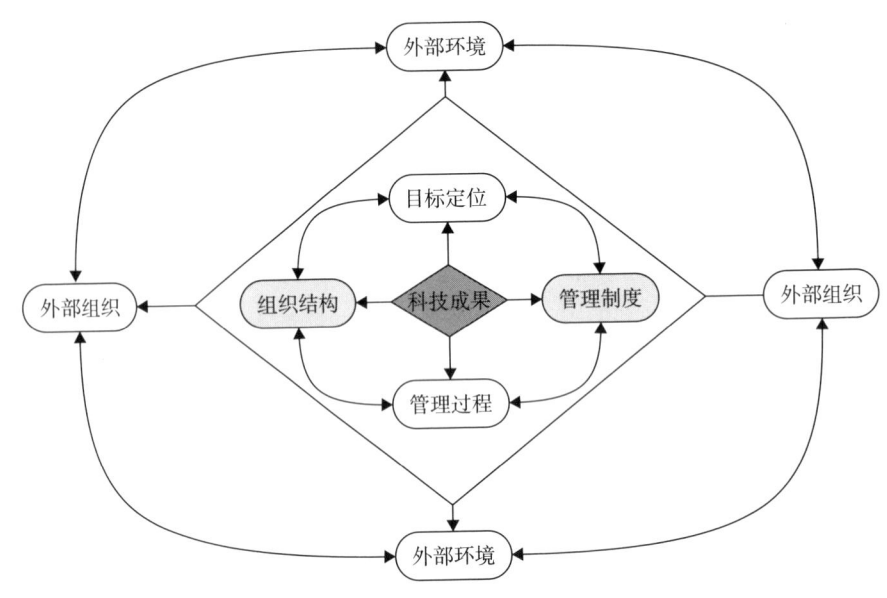

图 3.1　国有企业科技成果转化管理系统框架

正如 Mentzas（2001）提出的观点，基于知识管理形成的知识网络框架的核心是知识资产，包括知识的质量和商业价值等。首先，国有企业科技成果转化管理的创新要关注科技成果本身。本书基于科技成果的技术成熟度这一特质，提出对国有企业科技成果转化的技术管理优化，借用他山之石，验证了借助科技成果本身的各项特征，比如技术成熟度、市场前景、实用价值等，可以优化科技成果转化的管理，达到促进科技成果转化实施的效果。因此，科技成果是整个管理系统框架的核心，也代表技术管理是科技成果转化管理系统框架的内核。

其次，组织管理的创新是国有企业科技成果转化管理创新的中层。该层级包括目标定位、组织结构、管理制度和管理过程。其中组织结构和管理制度发挥科技成果转化组织管理的职能支撑作用。组织的目标定位作为指导思想、发展规划，为组织结构和管理制度提供概念化、前瞻性的指导基础。组织结构和管理制度的具体化、行动化形成了管理过程。因此，国有企业科技成果转化的管理创新，也包括目标定位、组织结构、管理制度和管理过程四个方面上的创新性工作。基于国有企业的特殊性，本书主要对国有企业科技成果转化的目标定位、政策制度、公司内部管理体制进行了研究，为国有企业科技成果转化的管理创新提供可参考借鉴的理论基础和实践依据。

最后，外界环境因素对于国有企业科技成果转化有显著影响。因而，国有企业科技成果转化的管理创新包括相关主体对于外部环境的反馈与自我调节。外部环境因素应当作为国有企业科技成果转化管理系统中考虑的一部分，通过验证外部环境因素影响国有企业科技成果转化的有效性和作用机制，为促进国有企业科技成果转化提供有效的决策依据。本书运用实证分析的方法，重点研究地区经济发展水平、知识产权保护水平等宏观经济因素对于国有企业科技成果转化的影响作用。

## 3.2 国有企业科技成果转化的知识网络

科技成果的转化工作具有很强的系统性和过程性，面向技术供需双方的衔接是科技成果转化成功的关键问题。Kulve 和 Smit（2003）表明在技术的发展和应用中，建立一个能够满足不同部门对技术转让和（未来）合作需求的网络十分重要。科技成果的转移转化，实质上就是作为技术形态的知识在高校、科研机构、企业等众多主体之间相互溢出、传播和转移的过程。技术作为知识的一种，基于知识网络视角对技术成果的转移转化情况进行分析是完全合理且可行的。Robertson（2003）证明不同组织间形成的网络模式不仅仅用于转移和传播知识，还可用于知识的商品化和验证知识。国有企业科技成果转化作为一项以知识创新为核心的组织经营活动，可以基于知识网络的要素构成与连接视角，对科技成果转化管理的情况进行分析。

### 3.2.1 科技成果转化要素

科技成果转化工作是一项系统性的工程，科技成果转化活动广泛渗透到经济建设和社会发展的各个方面，成为推动转变经济增长方式和社会进步的关键性因素。这其中涉及国家的政策方针的引导和财政税收的支持；科技成果的管理和多种科技成果转化方式；企业、科研机构、高校等不同供给及需求主体之间的关系；科技成果转化价格的确定及交易各主体的权利与义务；科技成果转化社会服务机构的参与；科技成果转化后的利益分配等诸多方面要素。在科技成果转化过程中，需要多种要素协同发挥作用，保障科技成果转化工作的顺利实施。

#### 3.2.1.1 政策背景

科技成果转化的相关政策是科技成果转化顺利实施的基础，从国家到各部委、各地方政府层面相继出台的促进科技成果转化的相关法律法规，为科技成果转化工作奠定了坚实的制度基础，为科技成果转化工作的顺利开展铺平了道路，点燃了科技成果转化中涉及的企业、科研机构、高校等主体的积极性，激活了科研人员从事科技成果转化工作的热情，调动了各方资本及服务机构的广泛参与。

国家非常重视科技成果转化工作，党的十八大以来，以习近平同志为核心的党中央高度重视科技创新和机制创新，围绕深化科技体制改革作出了一系列重大决策部署：修正颁布《中华人民共和国促进科技成果转化法》，发布《实施〈中华人民共和国促进科技成果转化法〉若干规定》《促进科技成果移转化行动方案》，明确下放科技成果的处置权、使用权和收益权，增强科研单位开展科技成果转化的自主权，形成推进科技成果转化的顶层制度体系。政策文件的出台为科技成果转化工作营造了良好的生态环境，确保了科技成果转化工作的快速推进。

#### 3.2.1.2 供给主体

高质量科技成果是成功实施转化的先决条件，在国家的大力支持下，大型国有企业、科研机构、高校等承担了国家自然科学基金、国家科技重大专项、国家重点研发计划、技术创新引导计划、基地和人才专项等一系列科研、条件建设任务，使我国总体科技实力、自主创新能力以及综合竞争力大大增强，知识贡献与社会服务能力大大增强。

企业是技术创新决策、研发投入、科研组织与成果转化的主体，其中中央企业等大型国有企业是推动产业技术进步、核心创新突破的主力军，是推动科学技术发展的主要力量,作为国家科技创新体系的一个重要组成部分,在科技创新方面取得了巨大进步,为促进经济发展、提升综合国力和创新型国家建设作出了突出贡献。因此,大型国有企业、科研机构、高校等已经成为优质科技成果的供给主体。

### 3.2.1.3 需求主体

企业的生存发展离不开科技创新与核心技术,在国家创新驱动发展和军民融合发展战略背景下,企业作为承接科技成果转化需求的主体地位日益凸显。在新的市场经济环境下,企业以产品、技术需求为牵引,吸纳外部的优质科技成果为本企业所用,既能够节约研发成本,又能够促进企业技术创新与快速发展。企业可以通过需求信息发布及委托技术交易中介机构获取其单位所需的科技成果,或者通过产学研合作方式征寻科技成果研究的合作者,联合实施科技成果转化。中央企业等大型国有企业作为国民经济发展的重要支柱,肩负着构建创新型企业及创新型国家的历史使命,既是高质量科技成果的供给主体,又是重要的需求主体,是实施科技成果转化、产业化的骨干力量和国家队。

### 3.2.1.4 转化方式

科技成果转化方式是科技成果转化的重要路径,是连接科技成果转化供方和需求方的重要形式,每一种不同的转化方式涉及供需双方权利和义务的差别,涉及不同的科技成果使用权、处置权、收益权,涉及不同的转化程序要求,因此,科技成果转化方式是实施科技成果转化的关键要素之一。随着中国特色社会主义市场经济体系的确定和不断发展,我国科技体制发生了深刻变化,科技成果转化的形势和内涵也发生了重大的变化,科技成果转化、产业化方式更加丰富,科技成果转化、产业化组织模式不断变化,形成目前主要的六种科技成果转化方式:自行投资实施转化;向他人转让科技成果;许可他人使用科技成果;以科技成果作为合作条件,与他人共同实施转化;以科技成果作价投资,折算股份或者出资比例;其他协商确定的方式。

### 3.2.1.5 转化人员

人才是第一资源，创新是第一动力，提高核心技术创新能力，促进科技成果转化，人才是核心关键要素。科技人才是企业、科研机构、高校技术创新活动的主体，是科技成果的创造者。科技成果完成人员及转化人员最了解科技成果的具体情况，在科技成果转化过程中，从成果的产生到后续的试验、开发直至产品化、产业化，都离不开科技人员的主导作用。科技成果转化的顺利开展需要最大限度地激发人才创新创造及创业活力，形成完善的科技人员培养及激励机制。实行以增加知识价值为导向的分配政策，使科技人员有尊严地获得合理的物质回报，让他们实现"名利双收"。建立专职从事科技成果转化工作的岗位，完善多层次的技术转移人才发展机制，加强技术转移管理人员、技术经纪人、技术经理人等人才队伍建设，开辟职业发展和职称晋升通道。

### 3.2.1.6 转化资金

创新始于技术，成于资本。资本是科技成果转化过程中重要的推进要素。科学研究与技术开发形成的科技成果，大多数为实验室初级成果，一般不具备直接生产的条件，需要进行后续的试验、开发、应用、推广等转化活动，才能形成新技术、新工艺、新材料、新产品，直至推向市场实现产业化。这一过程并非一个阶段性过程，而需要长期持续不断地进行，这其中需要大量的人力、物力、财力的支持，这些工作的开展有赖于大量的资本投入作为支撑，资金的稳定性和充足性是整个科技成果转化过程中的重要前提。

政府设立的科技成果转化引导基金、种子投资基金、风险投资基金、产业发展基金，以及风险补偿、贷款贴息等只能作为方向性的引导和政策性的指向，即使在经济发达国家，科技成果转化工作也无法实现全部由政府进行高额投入。在新的市场经济环境下，发挥政府的引导基金的杠杆作用，强化对高新技术早期孵化的支持力度，引导投资机构的投资阶段前移，形成科技成果转化的社会化投入机制，建立"天使投资—风险投资—私募股权投资"的多层次资本市场链条，构建政府资本与社会资本共同参与的多层次、多主体、多元化的股权投资体系。

### 3.2.1.7 服务机构

科技成果转化服务机构是实现科技成果供需结合的重要媒介,是实现科技成果转化成功的重要保障。通过发挥服务机构的纽带作用,实现科技成果与人员、资金等经济要素的对接,能够加速科技成果的扩散和转移。企业、科研机构及高校科技成果完成人及转化人员往往只懂得技术,对于科技成果转化过程中涉及的金融、法律等方面内容不太了解,甚至对于成果需求方也不明确。科技成果转化服务机构作为科技成果供需之间的第三方,具备成果推荐、法律咨询、价值评估、转化交易、投融资服务和实施运营等服务能力,能够打消科研人员的顾虑,使其可以专注于研究最新的科技成果,有力地促进科技成果转化的实施。国家相关法律也明确科技成果持有单位可以通过本单位专业化机构或者委托独立的科技成果转化服务机构开展科技成果转移。

### 3.2.2 科技成果转化的一般过程

科技成果转化过程涉及科学技术的研发阶段、科学技术的推广阶段和科学技术的转化实施阶段。从科学技术在整个过程中的流动来看,科学技术的研发是科学技术推广的前提,科学技术的推广是科学技术研发到科学技术转化实施的重要纽带,而科学技术的转化实施则是科学技术价值实现的关键。三个环节有机结合、协调互动、缺一不可。根据科技成果转化的过程,基于科学技术的转化实践路线,构建科技成果转化的一般过程路径,如图3.2所示,可以清晰地解析出在整个过程中经历的阶段,以及阶段内部、阶段之间涉及的组织要素、要素之间的关系、组织结构等。

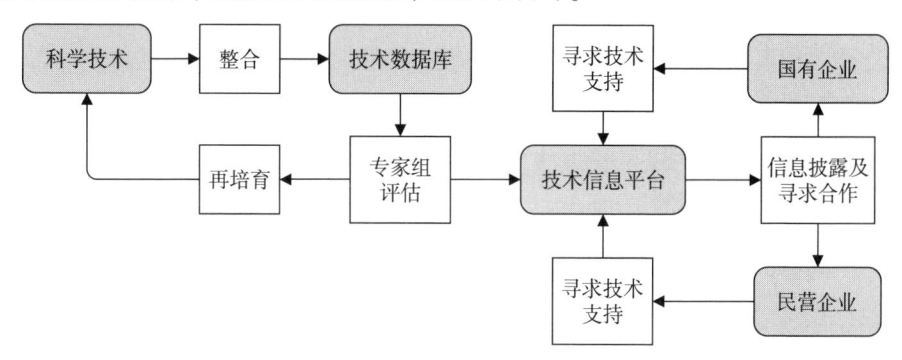

**图 3.2 科技成果转化的一般过程路径**

由图 3.2 可知，具体而言，一项科学技术的转化路径步骤可划分为四步。第一步，对于研发阶段形成具有一定应用价值的科学技术，从便于技术管理以及技术推广的角度出发，通过信息的整合和管理形成技术数据库。其优点包括以下两个方面：一是对于技术研发人员来讲，在技术研发之前通过检索查重来避免重复研究工作，有利于不同领域学者之间的信息交流与研发合作；二是有利于后期组织部门的协调与管理，有利于成果转化工作的下一步开展。第二步，储存在技术数据库中的技术可以由科研人员提出成果转化意愿的申请后，流向专家组进行技术确定和评估。第三步，专家组通过综合评估，对于直接可以进行市场化推广的技术移交到技术信息平台上进行信息披露，并且向机构之外的单位寻求成果转化活动的合作；不宜直接进入市场进行成果转化的则进行技术的再培育，进行技术的再研发，将技术进一步培育成熟。第四步，信息技术平台上的技术通过信息披露和寻求向外转化的合作，与民营企业等达成成果转化的合作协议，根据合作双方的实际情况选择适宜的转化方式进行成果的转化实施，技术成果最终流向其他国有企业或民营企业以实现经济效益。此外，信息技术平台的职能也包括积极对外交涉，保持开放合作的状态，寻找需要相关技术支持的国有企业或民营企业，以达成技术转移转化合作。

### 3.2.3 知识网络的要素构成与连接

基于本书主要关注国有企业拥有的技术向外转移转化，因此在不特殊说明的情况下，技术的供给方主要考虑国有企业。在国有企业科技成果转化整个复杂的过程中，涉及的关键主体是以国有企业为代表的技术供给方，以其他国有企业和民营企业为代表的技术需求方，同时还有政府、中介机构等第三方的参与。技术的发展根本在于技术供给方在技术端的不断研发，转化实施的动力在于需求者的实际应用，而技术进入市场进行流通则是当下加速科学技术价值实现的重要途径。国有企业技术成果转化可以看作将国有企业拥有的"技术"作为商品的一种交易活动，转化是否成功与生产经营中所需要的各种资源，即与所涉及的生产要素密切相关。结合现有研究与专家咨询，发现影响技术成果转化的主要生产要素有资本、信息、人力资本、技术、组织与社会环境。国有企业技术成果转化是其技术要素结合信息、资本和人力资源,在组织支撑和社会环境的作用下,从技术供给方转移到技术需求方的动态过程。因此,建立一个各要素优化组合的知识网络对于国有企业科技成果转化至关重要。

结合科技成果转化的项目实践,并参照 Seufert 等（1999）和 Kulve 等（2003）对知识网络和技术转化知识网络的元素构成和基本要求,本书认为构建国有企业科技成果转化的知识网络的要素与基本要求如表 3.1 所示。

表 3.1　构成国有企业科技成果转化知识网络的要素与基本要求

| 构成要素 | 基本要求 |
| --- | --- |
| 信息要素 | 技术信息的披露,市场需求信息的获取 |
| 技术要素 | 技术的应用价值及产品化实现等 |
| 资本要素 | 合理的权益分配,完善的资金链 |
| 组织要素 | 网络的内部管理和联系节点的设置 |
| 人力资本要素 | 人才构成,人才培养,人才激励 |
| 社会环境要素 | 经济、社会、法律等环境因素的影响 |

①信息要素方面。科技成果转化所面临的最大障碍就是信息不对称。该层面重点在于国有企业科技成果转化相关信息的披露和市场需求信息的获取与对接,其中信息披露方面包括明确披露政策要求、建立承接的机制流程和支撑平台、优化信息披露的策略等。②技术要素方面。该层面主要包括技术的实用价值和产品化的实现能力,对技术属性的甄别、应用场景的判断和技术的综合管理是整个网络中技术要素与其他要素有效结合的关键。③资本要素方面。该层面重要的是技术研发、成品、中试和批量生产各个环节资金链的运行情况,合理的权益分配以及整个网络资金链的生态化管理是科技成果转化网络运行的重要保障。④组织要素方面。组织要素作为网络内部协调和调控节点的设置,是整个国有企业科技成果转化管理工作的中枢和支撑结构,实现和执行整个国有企业科技成果转化知识网络的管理和控制职能。⑤人力资本要素方面。该层面重要的是科研人员构成、人才培养、人才激励以及专

业必需人才的引进。⑥社会环境要素方面。该层面主要包括国有企业科技成果转化面临的国内环境和国际环境，主要有国家法律政策的支持、宏观经济社会运行情况以及国际形势的情况等。

同时，国有企业科技成果转化过程中各生产要素之间存在很强的联系（见图3.3）。第一，以各生产要素为基础，对承担整个网络的各个功能进行分析可以发现，在研究的六个生产要素中，具有一定流动性的是技术要素、信息要素和资本要素，而对于网络运行起调节控制作用的是人力资本要素、组织要素和社会环境要素。第二，从整个生产要素之间的互动关系来看，科研队伍、专家组和信息平台属于技术供给方内部系统，而技术需求方属于外部合作方，从技术供给方内部系统向外部输出信息要素和技术要素，技术需求方向供给方输入资本要素和信息要素，而技术供给方内部主要是信息要素的相互传递。第三，从承担具体功能的主体来看，一是技术信息平台，作为技术供给方和外部沟通桥梁，其主要功能包括内部科技成果信息的处理、发

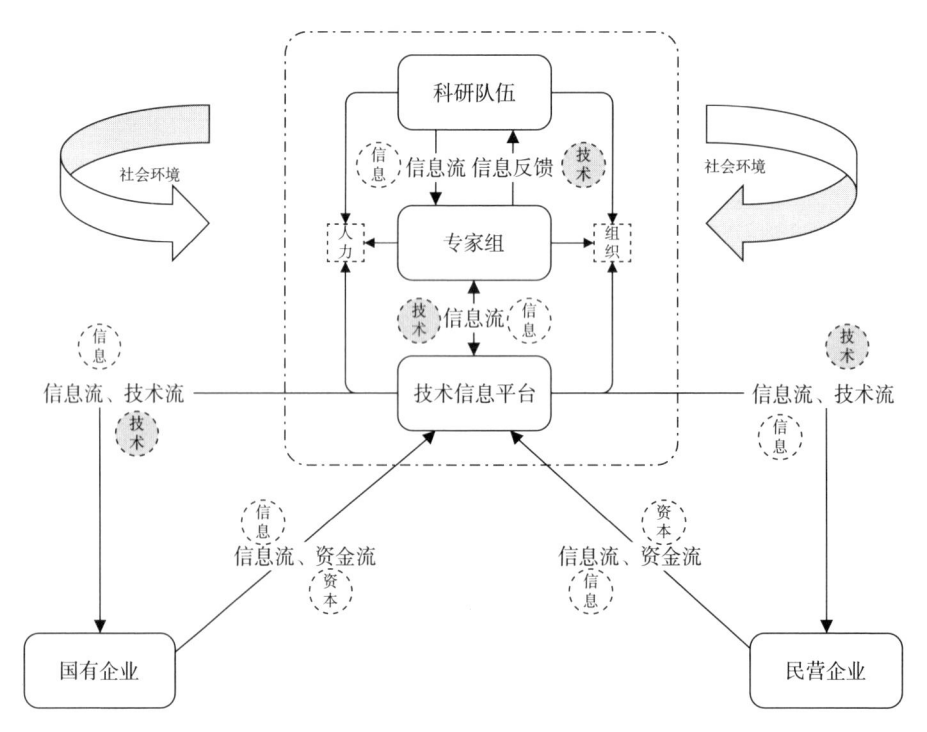

图 3.3 国有企业科技成果转化知识网络要素的连接关系

布，搜集相关的外部需求信息，更为重要的是对发布的国有企业科技成果进行适当的市场推广运营，其主要功能决定了技术信息平台要有一定的开放性、主动性和市场敏感度。提前对市场关注的产品、技术所属行业领域、知识产权布局做相应了解，针对技术密集区和技术空白区采用不同的建议及策略，可以提高研发效率、减少研发成本，并提高自身实力。二是专家组，其功能最具综合性，主要功能包括和科研队伍保持密切联系；对形成的科技成果通过市场分析、投资分析等进行评估，决定是把技术推向技术信息平台还是进一步投资创新；对从技术信息平台传递的技术需求信息进行处理和判断，决定是否合作等；对获得的收益进行合理的权益分配并对技术进一步投资等。

研究发现，信息要素的流通是国有企业科技成果转化的必要前提；而资本要素和技术要素会在信息流通中传递、碰撞，经由组织要素的协调控制和社会大环境的影响，流向各自价值实现的方向，从而形成国有企业科技成果从创造到使用的整个过程。在国有企业科技成果转化的整个体系中，信息的自由传输、资本的可获取性和技术的可流动性与人力资本（科研队伍）、组织结构（专家组、技术信息平台、国有企业或民营企业）和社会环境（国家、国际宏观环境等）是相互影响、息息相关的。

因此，对国有企业科技成果转化管理的分析与研究，可以从这六个生产要素的基本情况和结合关系出发，根据构建的国有企业科技成果转化知识网络的要素分析，对国有企业科技成果转化过程中各要素的网络构架要求与现实情况等关键性问题进行评估判断，从而发现当下国有企业科技成果转化中面临的关键性障碍，以求得更有效的管理方式和途径。

## 3.3 国有企业科技成果转化管理创新的分析模型

从宏观层面来看，国有企业科技成果转化管理系统可以从技术管理层面、组织管理层面、系统管理层面解释国有企业科技成果转化的现状和问题，可以从宏观角度分析一般国有企业科技成果转化的定位（Orientation）、技术（Technology)、组织（Organization）、制度（Regulations）、环境（Environment）五个层面的基本情况和管理创新问题。从微观个体角度来看，基于知识网络理论，建立在科技成果转化上的知识网络关系可以聚焦某国有企业科技成果转化的具体过程和管理创新方法。基于此，本书以国有企业科技成果转化管理系统为分析基础，结合知识网络理论，创建科技成果转化管理的知识网络系统模型（Management system and knowledge networking model，MSKN 模型），可用于综合分析国有企业科技成果转化的管理工作，为国有企业科技成果转化的管理创新研究提供新的理论支持和分析工具。

MSKN 模型建立的主要依据是：科技成果转化形成的知识网络要素构成与要素连接关系；国有企业科技成果转化管理包含的从技术管理到外部环境分析的管理系统。MSKN 模型具体由三部分体系构成，包括管理系统分析、管理阶段分析、知识网络分析，如图 3.4 所示。管理系统分析主要用于宏观上多个主体的分析，研究一般国有企业科技成果转化的目标定位、国家政策制度、技术管理、组织结构和外部环境。管理阶段分析适用于纵向案例的研究，研究技术供给单位科技成果转化管理系统的建立、成长、完善的历史演进过程，或者研究相关战略的发展规划。知识网络分析适用于单个主体较为具体的研究。

首先，MSKN 模型在宏观整体上可进行国有企业科技成果转化管理创新的一般性研究，主要根据管理系统框架的要素对国有企业科技成果转化的管理创新进行整体上的分析。该部分主要考察国有企业科技成果转化涉及的目标定位、国家政策、技术管理、组织结构情况和外部环境影响等。其中，技术管理层面包括对科技成果本身的各项特征分析，比如技术成熟度、市场前景、实用价值等；组织结构层面包括科技成果转化涉及的管理战略、管理结构、管理制度和管理过程，需要关注管理战略的先进性和适用性，管理结构的完整性和职能支撑情况，管理制度的完善程度、激励效果，管理过程的明确性和进展效率等；外部环境层面主要考察外界宏观环境的变化和影响，包括地区经济发展水平、知识产权保护情况、人口资源密度等。

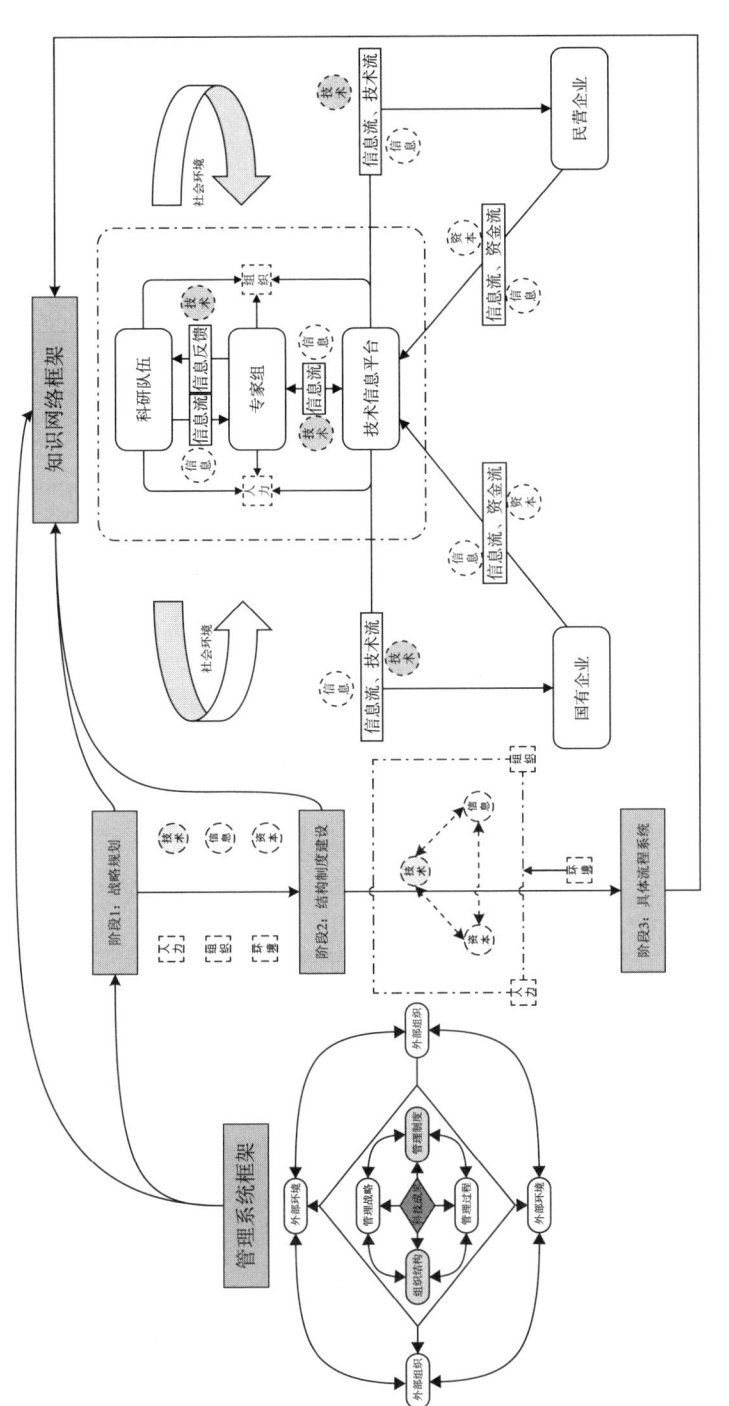

图 3.4 国有企业科技成果转化管理的分析模型概念图

其次，MSKN 模型包含科技成果转化管理的阶段分析研究，用于分析国有企业科技成果转化管理系统的建立、发展、完善的历史演进过程，或者研究相关战略的规划和推进。该部分成为连接科技成果转化的管理系统框架和知识网络框架的中间环节。该部分关注于科技成果转化管理的动态形成过程，包括战略规划阶段、结构制度建设阶段和形成具体操作流程阶段。在战略规划阶段注重于对国有企业科技成果转化的战略定位和理念，结构制度建设阶段注重于组织结构和组织制度等对于促进科技成果转化的支撑功能，操作流程阶段关注于科技成果转化管理的具体过程和环节。科技成果转化管理的阶段分析主要用于描述科技成果转化管理创新的动态演变过程，在科技成果转化管理系统和知识网络系统中间起着承接作用。本书中的阶段分析研究用于理解宏观整体和微观个体分析之间的融合关系，将不对该部分展开具体研究。

最后，MSKN 模型在微观个体层面可以对国有企业科技成果转化的情况进行考察，根据国有企业科技成果转化过程形成的知识网络系统提出管理创新的具体途径，根据知识网络六个要素的连接和运行情况的评估进行管理上的判定和优化。信息要素，考察技术信息的披露和市场需求信息的获取与对接。技术要素，考察技术的实用价值和产品化的实现能力，对技术价值的甄别、应用场景的判断和技术的综合管理。资本要素，考察技术研发、成品、中试和批量生产各个环节资金链的良好运行，合理的权益分配。组织要素，这里强调为知识网络内部承担协调和调控职能的节点，考察科技成果转化管理工作的中枢和支撑结构能力。人力资本要素，考察科研人员构成、人才培养及激励以及专业必需人才的引进。社会环境要素，考察国有企业科技成果转化面临的国内环境和国际环境，主要有国家法律政策的支持、宏观经济社会情况、国际环境的情况等。

基于此，本书建立的 MSKN 模型的分析子框架、各子框架的分析层面、各层面的分析指标和适用情况如表 3.2 所示，主要包括宏观和微观两个方面。其中，从宏观整体上看，管理系统分析主要包括对国有企业科技成果转化总体上的目标定位、政策制度、技术管理、管理体制、外部环境五个层次的分析研究；从微观个体上看，知识网络分析包括对某个具体国有企业科技成果转化的信息要素、技术要素、资本要素、组织要素、人力资本要素和外部环境要素分析。基于此，本书先从宏观上对国有企业科技成果转化的目标定位、政策制度创新、技术管理创新、管理体制创新、外部环境创新进行研究；其后聚焦于国有企业个体，根据具体国有企业科技成果转化的知识网络分析，对国有企业科技成果转化的运行情况进行判断；从而提出国有企业科技成果转化的管理创新方法和建议，为促进国有企业科技成果转化提供理论分析基础和实践路径。

表 3.2 MSKN 模型的分析框架、具体指标和适用情况

| 分析框架 | 分析层面 | 具体指标 | 适用情况 |
| --- | --- | --- | --- |
| 管理系统分析 | 技术管理 | 技术成熟度、市场前景、实用价值等 | 宏观整体上的分析 |
| | 目标定位 | 国有企业目标定位、成果转化地位作用 | |
| | 政策制度 | 中央政策法规、地方政策法规、部门规章制度、企业管理制度 | |
| | 管理体制 | 管理体制、管理结构、管理制度和管理过程 | |
| | 外部环境 | 地区经济发展水平、知识产权保护水平、地区开放程度等 | |
| 管理阶段分析 | 战略规划阶段 | 战略定位和理念 | 管理创新的动态演变研究 |
| | 结构制度建设 | 组织制度的构建 | |
| | 具体流程系统 | 管理流程 | |
| 知识网络分析 | 信息要素 | 技术信息的披露和市场需求信息的获取与对接 | 微观个体上的分析 |
| | 技术要素 | 技术价值甄别、应用场景判断和技术综合管理 | |
| | 资本要素 | 资金链的良好运行、合理的权益分配 | |
| | 组织要素 | 发挥结构支撑功能的体制机制、平台建设情况 | |
| | 人力资本要素 | 人员构成、人才培养、人才激励、人才引进 | |
| | 社会环境要素 | 法律政策环境、宏观经济环境、国际形势等 | |

# 第4章 国有企业科技成果转化的目标定位研究

国有企业一直是我国经济发展的重要力量（Wu，2016）。相比于其他所有制企业，国有企业有着显著不同的资源禀赋、追求目标与约束条件（武常岐 等，2019）。《中共中央关于全面深化改革若干重大问题的决定》明确指出，公有制为主体、多种所有制经济共同发展的基本经济制度，是中国特色社会主义制度的重要支柱，也是社会主义市场经济体制的根基。公有制经济和非公有制经济都是社会主义市场经济的重要组成部分，都是我国经济社会发展的重要基础。必须毫不动摇巩固和发展公有制经济，坚持公有制主体地位，发挥国有经济主导作用，不断增强国有经济活力、控制力、影响力。2015年，《中共中央 国务院关于深化国有企业改革的指导意见》明确指出，国有企业属于全民所有，是推进国家现代化、保障人民共同利益的重要力量，是我们党和国家事业发展的重要物质基础和政治基础。历史经验证明，作为中国特色社会主义的重要物质基础和政治基础，国有企业在推动我国经济社会发展、保障和改善民生、保护生态环境等方面发挥着重要作用。

在新的时代背景下，发挥国有经济的战略支撑作用，国有企业需要在行业引领和创新发展上更进一步。实现科技强国，攻克关键核心技术，国有企业不仅仅需要加强自主创新能力，更需要把科学技术应用到实际生产生活之中，提高科技成果的转化应用。国有企业科技成果转化将进一步增加国有经济对国家战略和现代化经济体系建设的科技支撑能力。因此，本章从国有企业的功能定位、国有企业的发展与现状、国有企业发展与科技成果转化的内在联系、国有企业在科技成果转化体系中的主导作用四个维度来展开，解析和明确国有企业科技成果转化的目标定位。

## 4.1 国有企业的功能定位

### 4.1.1 保障和完善中国特色社会主义制度

中国特色社会主义制度是国有经济发展的制度环境，国有经济发展又反作用于中国特色社会主义制度的发展演变。以公有制为主体、多种所有制经济共同发展的基本经济制度，是中国特色社会主义制度的重要支柱，其中公有制经济包括国有经济、集体经济以及混合所有制经济中的国有成分和集体成分，如果放弃或削弱国有经济的主导作用而实施大规模私有化，公有制经济的主体地位必然随之衰落，社会主义的基本经济制度也将不复存在。2000年，《财富》杂志公布的"《财富》全球500强"榜单（以下简称"《财富》全球500强"）中有27家国有企业，2017年这一数字增加到102家，占全部榜单的约五分之一（见图4.1），国有企业在当今全球经济中发挥着越来越重要的作用（Lin，2020）。我国国有经济的存在与发展，有利于巩固和发展我国基本经济制度，有利于保障和完善中国特色社会主义制度。

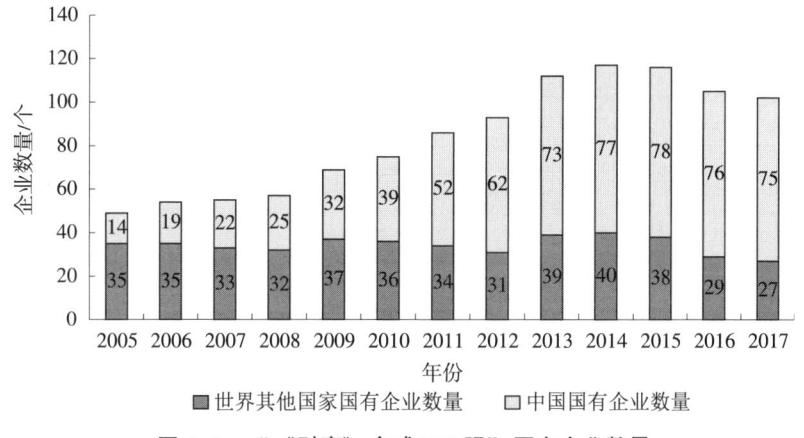

图 4.1 "《财富》全球 500 强"国有企业数量

党的十五大报告明确指出，"公有制的主体地位主要体现在：公有资产在社会总资产中占优势；国有经济控制国民经济命脉，对经济发展起主导作用。""公有资产占优势，要有量的优势，更要注重质的提高。国有经济起主导作用，主要体现在控制力上。"因此，国有经济的资产水平是衡量国有经济规模发展的重要指标。表 4.1 是 2013—2019 年全国国有企业、中央企业、地方国有企业资产及负债的情况。数据显示，2013—2019 年全国国有企业资产总额由 104.09 万亿元增长至 233.90 万亿元，年均增长速度达 14.45%；中央管辖国有企业资产总额由 48.59 万亿元增长至 87.00 万亿元，年均增长率为 10.20%；地方管辖国有企业资产总额由 55.50 万亿元增长至 146.90 万亿元，年均增长率为 17.61%。同时，2013 年到 2019 年全国国有企业负债总额由 67.10 万亿元增长为 149.80 万亿元，资产负债比由 64.46% 变为 64.04%，没有较大的波动。

表 4.1  2013—2019 年国有企业资产及负债　　　　（单位：万亿）

| 年份 | 全国国有企业 | | 中央企业 | | 地方国有企业 | |
|---|---|---|---|---|---|---|
| | 资产总额 | 负债总额 | 资产总额 | 负债总额 | 资产总额 | 负债总额 |
| 2013 | 104.09 | 67.10 | 48.59 | 31.99 | 55.50 | 35.11 |
| 2014 | 118.47 | 76.60 | 53.98 | 35.47 | 64.49 | 41.12 |
| 2015 | 140.68 | 92.44 | 64.77 | 44.09 | 75.91 | 48.35 |
| 2016 | 154.91 | 101.52 | 70.59 | 48.29 | 84.32 | 53.23 |
| 2017 | 183.52 | 118.46 | 76.19 | 51.86 | 107.33 | 66.60 |
| 2018 | 178.75 | 115.65 | 80.34 | 54.39 | 98.41 | 61.26 |
| 2019 | 233.90 | 149.80 | 87.00 | 58.40 | 146.90 | 91.40 |

数据来源：《中国国有经济发展报告（2013—2019）》。

据此，2013—2019 年国有企业资产总额的分布情况与国有企业资产负债比情况如图 4.2 所示。可以看出，我国企业国有资产处于稳步增长状态，运行状态较为平稳。其中，中央管辖国有企业资产总额的占比低于地方管辖国有企业资产总额，两者均处于稳步上升状态，地方管辖国有企业资产的上升速度略高于中央。从全国来看，国有企业资产的资产负债比较为稳定，稳定在65%左右。

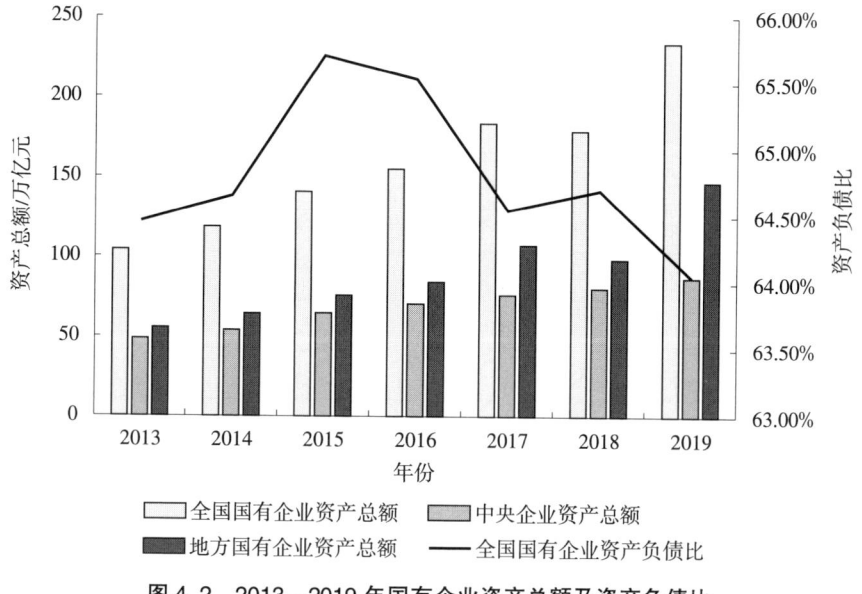

图4.2 2013—2019年国有企业资产总额及资产负债比

以我国规模以上工业企业为例，按企业所有制类型划分，其资产分布情况如表4.2所示。数据显示，对于我国规模以上工业企业，2013年国有控股、私营、外商投资和港澳台投资的企业资产总计分别是34.27万亿元、17.48万亿元、18.56万亿元；2018年国有控股、私营、外商投资和港澳台投资的企业资产总计分别是43.99万亿元、23.93万亿元、22.44万亿元。2013—2018年，我国规模以上工业企业中，国有控股、私营、外商投资和港澳台投资的企业资产的平均增长速度分别为5.16%、6.78%、3.89%。同时，2013—2018年，我国规模以上工业企业中，国有控股、私营、外商投资和港澳台投资的企业资产占比分别保持在48%、27%、24%左右。这在一定程度上体现了我国国有资本在工业企业发展上的控制力。

表 4.2　2013—2018 年规模以上工业企业按所有制类型的资产分布情况

| 年份 | 国有控股 | | 私营 | | 外商投资和港澳台投资 | |
|---|---|---|---|---|---|---|
| | 资产总计/万亿元 | 占比/% | 资产总计/万亿元 | 占比/% | 资产总计/万亿元 | 占比/% |
| 2013 | 34.27 | 48.74 | 17.48 | 24.86 | 18.56 | 26.40 |
| 2014 | 37.13 | 47.45 | 21.31 | 27.33 | 19.82 | 25.32 |
| 2015 | 39.74 | 48.01 | 22.90 | 27.67 | 20.13 | 24.32 |
| 2016 | 41.77 | 48.01 | 23.95 | 27.53 | 21.27 | 24.45 |
| 2017 | 43.96 | 48.94 | 24.26 | 27.01 | 21.60 | 24.05 |
| 2018 | 43.99 | 48.69 | 23.93 | 26.48 | 22.44 | 24.83 |

数据来源:《中国国有经济发展报告（2013—2019）》。

### 4.1.2　维护国家经济安全以及社会和谐稳定

随着经济全球化和信息化进程的加快，国有经济安全问题日趋重要。现阶段，中国国有经济在军工、能源、金融、通信等关系国家安全和国民经济命脉的重要行业和关键领域中保持控制力，是维护国家经济安全的重要力量。国有资本逐渐向具有国际竞争力的大公司和大企业集团集中，是应对国际竞争与突发事件的重要支柱。2011—2020 年，入围"《财富》全球 500 强"的中国企业数量从 69 家增长到 133 家，其中入围的国有企业数量从 52 家增长为 92 家，入围的中央企业数量从 38 家增长为 48 家（见图 4.3）。国有经济的存在与发展，有利于从全局高度和长远角度出发，调控国民经济发展的方向和速度，克服市场机制的局限性和弊端，支撑、引导和带动国民经济稳定、均衡和持续发展，维护国家经济安全。

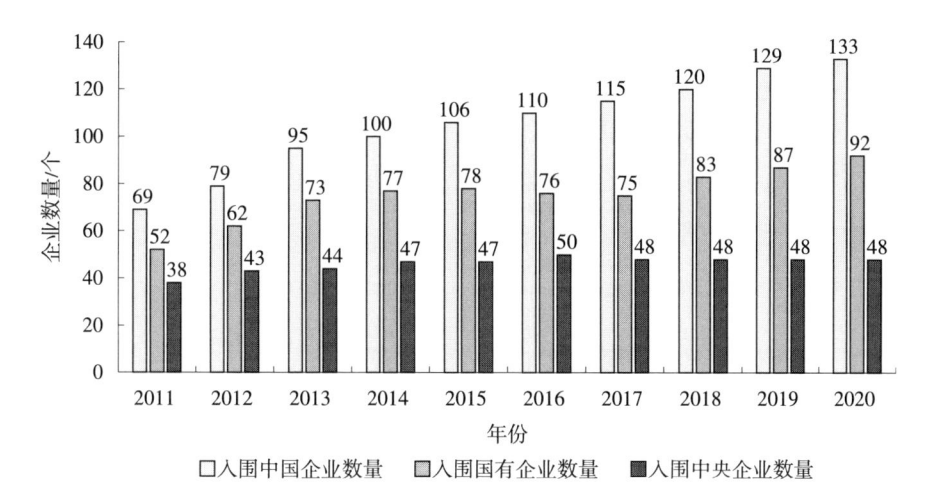

图 4.3 "《财富》全球 500 强"中国企业的数量

图例：入围中国企业数量、入围国有企业数量、入围中央企业数量

| 年份 | 入围中国企业数量 | 入围国有企业数量 | 入围中央企业数量 |
| --- | --- | --- | --- |
| 2011 | 69 | 52 | 38 |
| 2012 | 79 | 62 | 43 |
| 2013 | 95 | 73 | 44 |
| 2014 | 100 | 77 | 47 |
| 2015 | 106 | 78 | 47 |
| 2016 | 110 | 76 | 50 |
| 2017 | 115 | 75 | 48 |
| 2018 | 120 | 83 | 48 |
| 2019 | 129 | 87 | 48 |
| 2020 | 133 | 92 | 48 |

国有经济为经济发展和人民生活提供了保障，在促进社会和谐稳定方面发挥着表率作用，并且长期以来成为国家财政收入的主要来源。2020 年，国有企业营业总收入 63.29 万亿元，同比增长 2.1%，其中中央企业 35.33 万亿元，同比下降 1.9%；地方国有企业 27.96 万亿元，同比增长 7.5%。中国国有企业应交税费 4.61 万亿元，同比增长 0.2%，其中中央企业 3.21 万亿元，同比下降 0.8%；地方国有企业 1.40 万亿元，同比增长 2.4%。2020 年，国有企业利润总额 3.42 万亿元，其中中央企业 2.15 万亿元，地方国有企业 1.27 万亿元。总之，国有企业为我国确保国民经济持续、稳定、健康发展提供了重要的物质基础。

国有企业在我国实施和推广企业社会责任方面发挥着主导作用（Zhu et al., 2016）。我国政府一直宣传企业社会责任的重要性，敦促国有企业实施企业社会责任实践，并要求每年公布企业社会责任报告。《企业社会责任蓝皮书：中国企业社会责任研究报告（2020）》显示，中央企业社会责任管理不断深入，65%的中央企业设立社会责任领导机构，61%的中央企业将社会责任关键绩效指标纳入部门年度工作绩效考核，在推动国民经济的持续健康发展、扶贫攻坚、建造美丽中国、服务民生、海外履行责任等方面做出了卓越贡献。2020 年，我国国有企业 100 强、民营企业 100 强和外资企业 100 强社会责任发展指数同步增长。其中，国有企业 100 强社会责任发展指数得分最高，为

58.5 分；民营企业 100 强次之，为 29.3 分；外资企业 100 强得分最低，为 20.1 分。2009—2020 年，国有企业在社会责任指数表现上远远高于民营企业和外资企业。国资委网站的数据显示，2014—2019 年，中央企业共参与了 3120 个覆盖基础设施建设、能源资源开发、国际产能合作以及产业园区建设等方面的"一带一路"建设项目，在已开工和计划开工的基础设施项目中，中央企业承担的项目数量占比达 60%，合同额占比近 80%。

### 4.1.3 保障公共政策和国家战略目标的实现

国有企业是社会主义国家实现宏观调控的重要手段，政府通过国有企业对经济运行和发展进行调控，比通过其他途径进行调控的成本低很多，且效果显著。与税收等调节方式相比，国有经济的调控作用更具灵活性。基于此，国有经济的存在和发展，可以保障国家公共政策目标的实现。比如，2008 年国际金融危机中，国有经济积极应对，保障了公共政策目标的实现。此外，国有企业在战略性资源的开发与获取、战略性产业的培育和发展、战略核心技术的研发与推广等方面都发挥着关键作用。

2013 年，党的十八届三中全会通过《中共中央关于全面深化改革若干重大问题的决定》，明确指出国有资本投资运营要服务于国家战略目标，更多投向关系国家安全、国民经济命脉的重要行业和关键领域，重点提供公共服务、发展前瞻性战略性产业、保护生态环境、支持科技进步、保障国家安全。该决定进一步明确了新时代下我国国有企业的功能定位，指出了国有资本发展的方向和目标。因而，国有企业是国家政策方针和战略目标的执行工具，为实现国家公共政策和战略目标提供强有力的支撑和保障。

## 4.2 国有企业的发展与现状

### 4.2.1 国有企业历史阶段演变

改革开放以来，国有企业改革作为整个经济体制改革的中心环节不断向前迈进，大体经历了放权让利、扩大经营自主权（1978—1992年），制度创新和结构调整（1993—2002年），以国有资产管理体制改革带动国有企业改革（2003年至今）三个阶段（剧锦文，2018）。为了细化国企改革的近期进展，本书把2003年至今细化为完善国资监管与国企混合所有制改革两个阶段（武常岐 等，2019）。各阶段的发展特征和代表性法律法规如表4.3所示。

表4.3　1978—2018年国有企业发展阶段特征和代表性法律法规

| 时间 | 发展阶段特征 | 代表性法律法规 |
| --- | --- | --- |
| 1978—1992年 | 放权让利、承包经营责任制 | 《关于扩大国营工业企业经营管理自主权的若干规定》（1979年）<br>《关于实行工业生产经济责任制若干问题的暂行规定》（1981年）<br>《国务院关于进一步扩大国营工业企业自主权的暂行规定》（1984年）<br>《全民所有制工业企业承包经营责任制暂行条例》（1988年） |
| 1993—2002年 | 现代企业制度、抓大放小 | 《中共中央关于建立社会主义市场经济体制若干问题的决定》（1993年）<br>《中共中央关于国有企业改革和发展若干重大问题的决定》（1999年） |
| 2003—2014年 | 改革国资监管机构与完善国资管理体系 | 《企业国有资产监督管理暂行条例》（2003年）<br>《国务院国有资产监督管理委员会主要职责内设机构和人员编制规定》（2003年）<br>《中华人民共和国企业国有资产法》（2008年） |
| 2015年至今 | 混合所有制、分类改革 | 《中共中央 国务院关于深化国有企业改革的指导意见》（2015年）<br>《国务院关于国有企业发展混合所有制经济的意见》（2015年） |

自1978年改革开放至今，国有企业不断得到完善与发展，该过程伴随着具有代表性的法规政策的颁布。1978—1991年，国有企业关注于企业内部层面的管理改革，主要探索企业经营自主权的问题，致力于提高国有企业的运行效率。1992—2002年，确立社会主义市场经济体制，随着国有企业前期"放权让利"为主的管理改革效应递减，国有企业与外部经济体制不相适应的问题逐渐凸显。在此情况下，国有企业开启了现代企业制度改造，明确了国

有企业产权问题,实现了"政企分开",并开始了股份制改造、上市、私有化等不同形式的产权变革。2003—2014 年,进行国资监管机构的改革,完善国资管理体系,国有企业的管理效率得到明显提高。从 2015 年开始,国家开始深化国有企业改革,开启"双百行动",对国有企业的管理与发展提出了新要求。纵观国有企业四十多年的发展与演变历程,每一步发展都与我国的发展阶段和发展战略息息相关。

表 4.4 的数据显示,1997—2016 年的 20 年间,国有企业的数量在 2006 年后先减少后增加,但总体上有所下降。然而,国有企业总资产在这 20 年间增长了 11 倍。国有企业的负债增长与资产增长速度基本保持一致,销售额增长 6 倍,净收入增长 31 倍。这些统计数据表明,国有企业的经营绩效有了显著提高,国有企业的发展阶段由数量增加转向质量提升。

表 4.4 国有企业经营绩效的基本指标

| 年份 | 数量/千家 | 总资产/十亿元 | 总负债/十亿元 | 收入/十亿元 | 净收入/十亿元 | Lev/% | ROA/% | ROE/% | ROS/% |
| --- | --- | --- | --- | --- | --- | --- | --- | --- | --- |
| 1997 | 262 | 12497.5 | 7881.1 | 6813.2 | 79.1 | 67.1 | 2.3 | 1.7 | 1.2 |
| 1998 | 238 | 13478.0 | 8440.9 | 6468.5 | 21.4 | 65.5 | 2.1 | 0.4 | 0.3 |
| 1999 | 217 | 14528.8 | 9147.5 | 6913.7 | 114.6 | 65.4 | 2.7 | 2.1 | 1.7 |
| 2000 | 191 | 16006.8 | 10209.2 | 7508.2 | 283.4 | 66.0 | 3.3 | 4.9 | 3.8 |
| 2001 | 174 | 16671.0 | 10527.3 | 7635.6 | 281.1 | 65.0 | 3.3 | 4.6 | 3.7 |
| 2002 | 159 | 18021.9 | 11367.6 | 8532.6 | 378.6 | 64.8 | 3.6 | 5.7 | 4.4 |
| 2003 | 146 | 19971.0 | 12871.9 | 10016.1 | 476.9 | 65.9 | 3.5 | 6.7 | 3.0 |
| 2004 | 136 | 21560.2 | 13883.9 | 12072.2 | 736.9 | 65.7 | 4.5 | 9.6 | 6.1 |
| 2005 | 126 | 24256.0 | 15517.3 | 14072.7 | 958.0 | 65.1 | 5.0 | 11.0 | 6.8 |
| 2006 | 117 | 27730.8 | 17929.4 | 16239.0 | 1219.4 | 67.4 | 5.5 | 12.4 | 7.5 |
| 2007 | 112 | 34706.8 | 20247.3 | 19483.5 | 1744.2 | 68.7 | 6.4 | 12.1 | 9.0 |
| 2008 | 110 | 41621.9 | 25000.8 | 22939.8 | 1333.5 | 61.6 | 4.6 | 8.0 | 9.0 |
| 2009 | 111 | 51413.7 | 31541.7 | 24301.5 | 1560.7 | 62.8 | 4.2 | 7.9 | 6.6 |
| 2010 | 113 | 64021.4 | 40604.3 | 31499.4 | 2142.8 | 63.4 | 4.6 | 9.2 | 7.0 |
| 2011 | 135 | 75908.2 | 48609.1 | 38634.1 | 2467.0 | 64.0 | 4.6 | 9.0 | 6.6 |
| 2012 | 147 | 89489.0 | 57513.5 | 42535.7 | 2427.7 | 64.3 | 4.1 | 7.6 | 5.9 |

续表

| 年份 | 数量/千家 | 总资产/十亿元 | 总负债/十亿元 | 收入/十亿元 | 净收入/十亿元 | Lev/% | ROA/% | ROE/% | ROS/% |
|---|---|---|---|---|---|---|---|---|---|
| 2013 | 156 | 104094.7 | 67097.5 | 47112.5 | 2557.4 | 64.5 | 3.8 | 6.9 | 5.6 |
| 2014 | 160 | 118471.5 | 76595.6 | 48909.9 | 2644.4 | 64.7 | 3.5 | 6.3 | 5.5 |
| 2015 | 167 | 140683.2 | 92441.7 | 45735.2 | 2497.0 | 65.7 | 2.9 | 5.2 | 5.6 |
| 2016 | 173 | 154914.2 | 101521.5 | 47439.2 | 2555.9 | 65.5 | 2.7 | 4.8 | 5.5 |

数据来源：财政部网站。

## 4.2.2 国有企业发展的现状

### 4.2.2.1 国有资产规模逐步壮大

近年来，国有企业充分发挥中国特色社会主义经济顶梁柱的作用，将经济责任、政治责任、社会责任有机统一，为推动经济社会发展、保障和改善民生、增强综合国力做出了突出贡献。截至2019年底，全国国有企业资产总额233.9万亿元、负债总额149.8万亿元、国有资本权益64.9万亿元，同比分别增长11.2%、10.9%、10.5%；资产负债率64.0%，下降0.2个百分点；实现营业总收入63.5万亿元、利润总额3.9万亿元，均增长6.9%。

国有企业规模大、户数多、实力雄厚。截至2019年底，全国国有企业法人共21.7万户，资产总额233.9万亿元，同比增长11.2%；国有资本权益64.9万亿元，同比增长10.5%。国有企业资产几乎遍及各行各业。其中，第二产业主要集中在采矿、电力、热力、燃气及水生产和供应业等工业行业，第三产业主要集中在交通运输、仓储和邮政、房地产等行业。2019年，中央企业和地方国有企业的资产总额之比为37.2∶62.8，国有资本权益之比为27.4∶72.6。地方国有企业的国有资本权益和资产总额同比增速高于中央企业。

### 4.2.2.2 管理体制改革不断深入

一是加强顶层设计。《中共中央 国务院关于深化国有企业改革的指导意见》，配套印发35项政策文件，形成"1+N"政策体系，系统部署新一轮国资国企改革。首先，"1+N"政策体系在分类的基础上推进国有企业改革。国有企业分为商业类国有企业和公益类国有企业，政府减少对商业类国有企业的支持，允许它们与私营企业自由竞争，同时向公益类国有企业提供更多资源。其次，"1+N"政策体系旨在加强中国共产党对国有企业的领导。党的十八大以后，国有企业被授权将中国共产党的领导作用纳入其章程。最后，"1+N"政策体系寻求重组中央企业。2012—2018年，国资委促成了20家中央企业的合并，如图4.4所示。中央企业合并的目标包括提高国有企业的竞争力、共建"一带一路"减少过剩产能和提高生产率等。

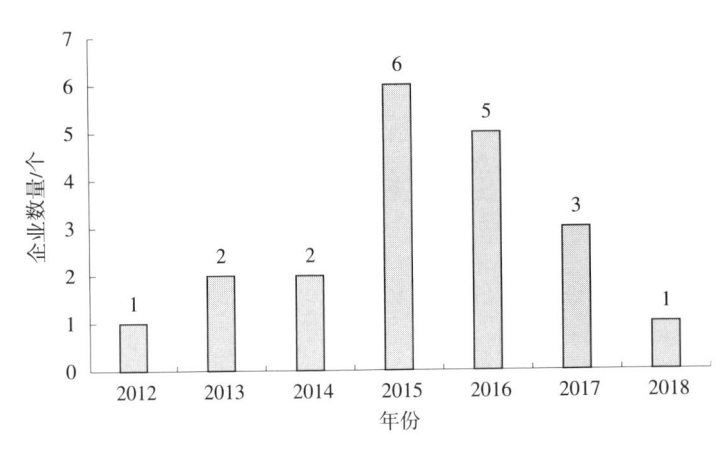

图 4.4　2012—2018年国资委促成的中央企业的合并情况

二是完善监管体制。以管资本为主，调整监管职能，出台并动态调整权力和责任清单、授权放权清单。推进分类监管，突出服务国家战略、质量效益、创新驱动、深化改革等，完善考核评价体系。稳步推进经营性国有资产集中统一监管试点，推动落实首批试点单位改革方案。深化垄断行业国资国企改革，改革油气管网运营机制，以市场化交易为主线推进新一轮电力体制改革。

三是改革国有资本授权经营体制。截至2019年底，21家中央企业分批开展国有资本投资、运营公司试点改革，33个省级国资委改组组建118家试点企业，在战略规划、主业管理、选人用人等方面加大授权放权力度。指导国有资本投资公司以战略性核心业务控股为主，推动产业聚集、结构调整和转型升级；指导国有资本运营公司以财务性持股为主，搭建基金投资、股权运作、资产管理等专业平台，支持企业落实国家战略、强化科技创新、降杠杆减负债等。

四是推进混合所有制改革试点。分层分类推进国有企业混合所有制改革，截至2019年底，已推出4批210户试点企业。中央企业实施混改项目4000多项，引入各类社会资本超过1.5万亿元。通过积极引入外部股东，推动法人治理规范化，完善长效激励机制，探索实施股权激励、职业经理人制度，中央企业部分子企业开展骨干员工持股试点改革。推动混改企业聚焦核心主业，强化产业战略协同，引进战略投资者。

五是推进中国特色现代企业制度建设。按照两个"一以贯之"要求，把党的领导融入公司治理各环节，落实党组织研究讨论作为公司决策重大事项前置程序。完善公司治理，加强董事会建设。截至2019年底，82家中央企业和94.6%的地方国有企业集团建立了外部董事占多数的董事会；全部中央企业和96%的地方国有企业集团已经完成公司制改制。健全市场化经营机制，加大市场化选人用人力度，深化"三项制度改革"，推进经理层成员任期制和契约化管理，已有45家中央企业建立了职业经理人制度；深化国有企业工资决定机制改革，推动中央企业建立健全长效激励约束机制。加快剥离国有企业办社会职能和解决历史遗留问题，基本完成"三供一业"和市政、社区管理等职能分离移交，基本完成教育医疗机构深化改革等任务，厂办大集体改革完成约75%。

### 4.2.2.3 在服务经济社会发展中发挥重要作用

当前，国有企业提供了全国近100%的原油产量，承担了97.4%的天然气供应量，搭建了覆盖全国的基础电信网络。国有企业带头落实创新驱动发展战略，在载人航天、探月工程、北斗导航等领域取得了一批具有世界先进水平的重大成果。中央企业累计投入各类帮扶资金超过230亿元，支持打好三大攻坚战，提前完成"十三五"规划关于二氧化硫等主要污染物排放量的降幅目标；带头落实提速降费、降电价、清理拖欠中小企业账款和农民工工资等要求；积极参与京津冀协同发展、粤港澳大湾区建设、共建"一带一路"等国家重大项目。铁路、邮政、烟草、文化等中央企业积极承担社会责任，不断扩大社会效益。在新型冠状病毒感染防控中，国资国企全力保障煤、电、油、气等基础能源供应，保障通信、交通等稳定运行；抢建火神山、雷神山等专门医院和方舱医院，紧急转产扩产一线紧缺医疗物资，全力推进疫苗研制攻关；带头复工复产，充分发挥对产业链上下游复工复产的强大带动拉动作用。

## 4.3 国有企业发展与科技成果转化的内在联系

### 4.3.1 国有企业发展的基础条件

国有企业实现高质量发展不仅需要深化改革，如增加活力、提升动力、找准方向等，同时需要坚守自身的特质，必须坚持党的领导、坚持以公有制为主体等。当今世界正处于百年未有之大变局，国有企业国际化经营面临异常严峻的挑战，改革发展任务十分艰巨。因此，只有不断增强国有经济竞争力、创新力、控制力、影响力、抗风险能力，国有企业才能在国内大循环为主体、国内国际双循环相互促进的新发展格局中发挥重要作用。基于此，国有企业的发展基础需要满足以下三个方面的要求。

#### 4.3.1.1 国有企业发展要坚持党的领导

实现国有企业的高质量发展要靠坚持党的领导、加强党的建设，这是国有企业的"根"和"魂"，也是独特优势。国有企业的发展要坚持党组织把方向、管大局、保落实的领导作用，确保国有企业始终听党话、跟党走，确保国有企业、国有资产能始终掌握在党和人民手中。无论是从国有企业的功能定位，还是从我国社会主义的基本国情出发，国有企业发展必须充分发挥中国特色社会主义制度优势，走中国特色社会主义道路。我国的基本经济制度决定了毫不动摇巩固和发展国有经济是国有企业发展的宗旨。我国的国家性质决定了国有企业的发展必须遵守党对国有企业的全面领导，紧紧围绕以人民为中心。因此，坚持党的领导是国有企业发展与治理的第一要义。

#### 4.3.1.2 国有企业发展需要深化改革

国有企业的发展必须持续推动国有资本的管理。国有企业的发展需要不断提高国有资产监管效能，进一步推动深化国有资本授权经营体制改革，强化以资本为纽带的投资与被投资关系，明确国家作为出资人的权益和职能。结合不同类型企业的特点，进一步优化不同类型企业的考核评价指标。加快中央行政事业单位所办企业国有资产集中统一监管，推进脱钩划转企业整合，健全出资人管理制度。坚决推进政企分开。对于国有企业需要承担的社会责任，可以通过市场的力量和方式来推进。事实证明，市场经济有利于提高国有企业的核心竞争力。通过国有企业治理体系的完善、公司制改革的推进，国有企业混合所有制改革进展顺利。国有企业通过深化改革已初步形成股权结构多元、股东行为规范、内部约束有效、运行高效灵活的经营机制。董事会治理模式的全面建设，使得国有企业的决策与监督更加有效。

#### 4.3.1.3 国有企业发展需要加强自主创新

创新驱动发展战略实施以来，国有企业创新能力持续提升，在参与核心技术标准制定、拥有有效专利、新技术应用等方面取得显著成绩，在部分技术领域实现了从跟跑到并跑的跨越，并逐渐领跑行业发展。想实现世界一流的目标，国有企业需要进一步提升科技创新的质量和效益，解决原始创新不足、核心技术受制于人等问题。从国有企业发展来看，科技创新应当是推动其高质量发展的重要支柱。国有企业要实现技术创新引领，在研发投入和成果转化中发挥主体作用。一方面，要拓宽研发经费筹措渠道，为企业自主创新提供更为充分的经费支持，同时加强人才队伍的培养，完善人才的激励机制，为国有企业实现创新发展注入源源不断的人才活力。另一方面，国有企业根据自身特点，围绕企业和所在行业创新短板，聚焦重大核心关键技术的研发，突破核心关键技术的"卡脖子"问题，占据未来发展的科技制高点，实现整个行业的技术进步引领作用，带领整个行业实现长足进步。

### 4.3.2 科技成果转化促进国有企业发展的作用机理

#### 4.3.2.1 科技成果转化是发挥国有企业主导作用的实施路径

国有企业在国民经济发展中占有举足轻重的地位。随着国家重点建设项目的不断推进，研发速度和规模不断提高，国有企业逐步成为国家科技创新和技术发展的支撑力量。国有企业掌握着丰富的科研资源与技术成果，具有较强的科技软实力，将国有企业科技优势转化为满足市场需求的创新资源十分关键。随着国有企业在科技创新中的关键性、重大性和战略性作用日益凸显，国资委对国有企业在科技创新中的作用也更加重视，成立科技创新领导小组统筹推进国有企业科技创新工作，并通过营造政策环境、加强顶层设计、加强技术与资本结合等措施，不断加大推动国有企业科技创新的支持力度。这一系列举措为国有企业在科技创新中发挥更大的作用创造了良好的政策条件。

科技创新能力是国有企业保持持续市场竞争力的需要。科技创新是企业的核心竞争力，也是持续发展的基石。科技成果转化对于企业的长远发展起着决定支撑作用，是提高市场竞争能力的有效措施。随着我国经济全球化、市场化以及全军武器装备采办的变革，特别是民参军的深入，国有企业直接参与市场竞争，项目竞标常态化，更凸显了科技成果转化的核心地位。国有企业作为科技成果转化供需主体，应统筹考虑科研、生产、经营特点，紧密围绕国家新兴产业战略部署，充分发挥技术带动和辐射作用，根据新的发展机遇积极调整产品结构，加快科技成果转化步伐，进一步完善经营机制，大力加强新产品、新技术、新工艺、新设计等方面的投入。只有以市场需求为导向，将市场前景好、经济效益显著的科技成果进行转化带来直接经济效益，国有企业才能在市场竞争中占据优势，更好地服务于国家经济高质量发展。

#### 4.3.2.2 科技成果转化是深化国有企业改革的重要布局

科技成果能够促进生产力的发展并带动相关行业形成产业链，已成为世界各国密切关注的经济增长点，同时也是衡量一个国家经济发展水平、社会进步程度和综合国力的硬性标准。在供给侧改革视域下，我国科技政策供给建设呈现进程加快、破解难题力度大、操作性强等特点。科技成果转化是国家创新系统治理中的重要环节和内容，科技成果转化的供给侧改革要与需求侧、环境面良好互动，同时与中央财政、税收、人才等政策保持协调，才能实现改革的目标。

2017年，我国科技进步贡献率为57.5%，而创新型国家科技进步的贡献率普遍高达70%以上，美国和德国甚至高达80%。科技创新不仅是实验室里的研究，而且是将科技创新成果转化为推动经济社会发展的现实动力。提高科技进步贡献率，最根本的是要强化科技与经济的密切结合，缺少科技成果转化环节，科技和经济就变成"两张皮"，势必会影响经济发展方式转变和经济结构调整，影响党和国家"两个一百年"的奋斗目标。要解决这个问题，就必须深化科技成果转化改革，破除制约科技创新的体制障碍和制度藩篱，为科技成果转化创造条件，优化科技政策供给，鼓励科技成果走向市场，打通科技与经济融合发展的阻碍，开展和完善科技成果转化相关政策体系的建设。

#### 4.3.2.3 国有企业科技成果转化是落实创新驱动发展战略的关键

党的十八大提出实施创新驱动发展战略，强调科技创新是提高社会生产力和综合国力的战略支撑，必须摆在国家发展全局的核心位置。政府工作报告中也明确提出，要实施创新驱动发展战略，着力打通科技成果转化通道，推进科技资源开放共享，强调提升科技成果流动性和科技资源的使用效率。国资委在《中央企业负责人经营业绩考核办法》中指出要实施创新驱动，引导企业坚持自主创新，加大研发投入，加快关键核心技术攻关，强化行业技术引领，不断增强核心竞争能力，引导企业优化资本布局，提高资本运营效率，提升价值创造能力，为国有企业深入开展科技成果转化提供政策保障。国有企业科技成果转化将随着创新驱动发展战略的出台而迎来新的历史机遇，实现科技成果大规模、多层次、全方位地向适应市场经济建设需求进行转化。

在全球新一轮科技革命和产业变革孕育兴起的背景下，我国既面临赶超跨越的难得历史机遇，也面临差距拉大的严峻挑战。中国企业改革压力不断增加，迫切需要推动经济发展向主要依靠知识积累、技术进步和劳动力素质提升的内涵式发展转变，不断提升科技发展的内生动力和活力，力争在重要科技领域实现跨越式发展。科技发展要以整合、集成、共享和提升科技资源为保障，以加速科技成果转化为目标，以发挥企业技术创新主体作用为重点，推进技术、资本、人才等科技资源要素的有机结合，加速既有科技成果的产业化，激发科技发展内生动力，促进科技成果的落地转化，实现科技和经济发展的有效结合。国有企业要加速科技成果资本化、商业化、产业化，需要明确科技体制改革的制度约束，探索实现科技成果转化的路径和方法，让国有企业科技成果转化中的技术创新和组织创新结合起来，提升科技成果促进经济发展的动力和效益。

## 4.4 国有企业在科技成果转化体系中的主导作用

### 4.4.1 国家相关政策方针的制定

党的十九大指明要建立以企业为主体、市场为导向、产学研深度融合的技术创新体系，促进科技成果转化。2015 年，全国人大常委会修正了《促转法》。2016 年，国务院印发了《实施〈中华人民共和国促进科技成果转化法〉若干规定》；同年，国务院办公厅印发了《促进科技成果转移转化行动方案》。这 3 份文件构成了科技成果转移转化工作的"三部曲"。为了实施创新驱动发展战略，2016 年 5 月，中共中央、国务院印发《国家创新驱动发展战略纲要》。2017 年 7 月，国务院印发《国务院关于强化实施创新驱动发展战略进一步推进大众创业万众创新深入发展的意见》。2017 年 9 月，国务院印发了《国家技术转移体系建设方案》。各中央企业集团公司也制定了内部成果转化条例或贯彻落实文件，明确了成果转化实施步骤，采取有效措施推进技术转移转化。

供给侧结构性改革提出积极探索对骨干人才的激励，充分激发国有企业活力，进而推动国有企业改革发展。我国相继发布了《国有科技型企业股权和分红激励暂行办法》(财资〔2016〕4号)、《关于做好中央科技型企业股权和分红激励工作的通知》(国资发分配〔2016〕274号)、《中央科技型企业实施分红激励工作指引》(国资厅发考分〔2017〕47号)、《关于推广第二批支持创新相关改革措施的通知》(国办发〔2018〕126号)等中长期激励政策文件,明确了科技型企业实施分红激励的方向。国家中长期激励政策的颁布、各部门对于国有企业科技成果转化政策的细化,确立了企业在科技成果转化中的主体地位,也为国有企业发挥主导作用指明了方向(见图4.5)。

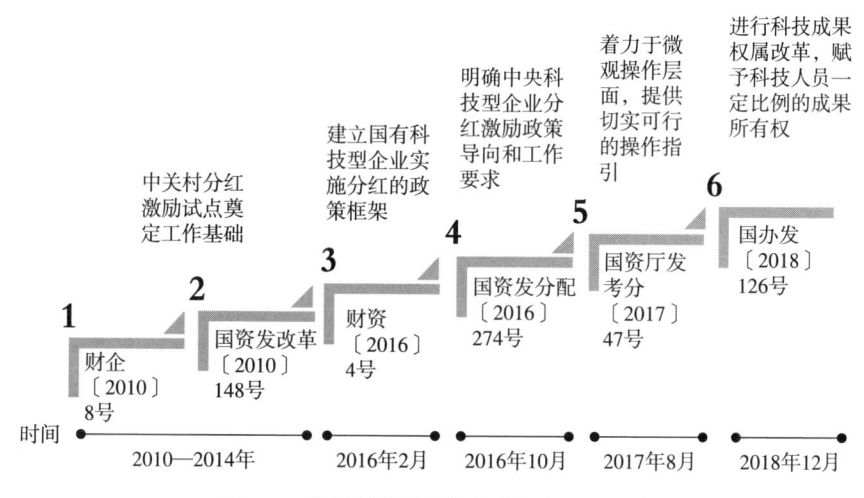

图4.5 我国科技成果转化中长期激励政策

### 4.4.2 国有企业创新资源的丰富性

我国国有企业往往比相应的非国有企业保持更高的研发投入。国有企业比非国有企业拥有更强的政治联系,更少受到信息不对称的影响,这有利于国有企业得到公共机构的研发经费支持(Dai et al., 2015)。如表4.5所示,2019年,我国规模以上工业企业中,有研发活动的内资企业共113548家,其中国有企业1517家,占比为1.34%。2019年,规模以上工业企业中内资企业研发支出为11218.96亿元,其中国有企业研发支出706.64亿元,占比为6.30%。2019年,规模以上工业企业中内资企业专利申请量为912864件,其中国有企业专利申请量为62239件,占比为6.82%。2019年,规模以上工业企业中内资企业有效发明专利为1028567件，其中国有企业有效发明专利为72848件，占比为7.08%。可以发现，国有企业以1.34%的数量，贡献了6.30%的研发支出，承担了6.82%的专利申请，实现了7.08%的有效发明专利拥有量。

表4.5　2019年规模以上工业企业创新活动基本情况

| 企业类型 | 有研发活动的企业/个 | 研发支出/万元 | 专利申请量/件 | 有效发明专利/件 |
| --- | --- | --- | --- | --- |
| 内资企业 | 113548 | 112189638 | 912864 | 1028567 |
| 国有企业 | 1517 | 7066385.4 | 62239 | 72848 |
| 非国有企业 | 112031 | 105123252.6 | 850625 | 955719 |
| 国有企业占比 | 1.34% | 6.30% | 6.82% | 7.08% |

数据来源：《中国科技统计年鉴2020》。

国有企业在基础和应用研究活动方面比私营企业有优势（Belloc，2014）。国家本身不是一个利润最大化的实体，如果不招致损失，它对利润变化的态度是中立的。相反，私营企业的目标是为股东获得最大的红利，并对利润的变化做出反应。应对风险的能力是创新生产的决定性因素。事实上，创新的产生确实是一个不确定的活动，因为它是基于一个发现的过程，这个过程不一定会成功地产生新技术。此外，即使创新过程产生新的技术，也不能保证新技术会有具体的或商业上的成功。换句话说，创新过程的最终回报无法在过程开始时预测。事实上，最具原创性和潜在创新性的研发项目不仅需要数年时间才能产出具体成果，甚至在推出新产品之前就失败了。在这些情况下，私营企业会因为风险太大而拒绝参与。国有企业更容易有能力去应对高风险的激进创新项目。Mazzucato（2011）等报告显示，政府是高风险性研究的资助者，无论是应用研究还是基础研究，而这些项目成果是制药、生物技术和其他高科技领域许多颠覆性创新的来源和基础。

国有企业在一些如基础、高科技等领域的主导地位也有利于推动国家向更高层次发展。基础部门的发展周期长、见效慢，而且通常需要大量的投资，单靠市场调节难以保证其发展。在一些诸如原子能、宇航、高精尖电子工业以及其他与军事生产有关的行业中，国有企业往往占据了主导地位，这主要是由于这些领域的技术风险过高，常使私营企业望而生畏，只有政府长期不间断地投入才能保证和促进这些领域的发展。表 4.6 的数据显示，我国 2018 年发明专利授权量排名前十位的企业中，国有企业占据 5 席，表明了国有企业在科技创新上的优势。

表 4.6 2018 年发明专利授权量排名前十的企业

| 序号 | 申请人名称 | 发明专利授权量/件 | 是否为国有企业 |
| --- | --- | --- | --- |
| 1 | 华为技术有限公司 | 3369 | 否 |
| 2 | 中国石油天然气股份有限公司 | 2849 | 是 |
| 3 | 广东欧珀移动通信有限公司 | 2345 | 否 |
| 4 | 国家电网 | 2188 | 是 |
| 5 | 京东方科技集团股份有限公司 | 1891 | 否 |
| 6 | 珠海格力电器股份有限公司 | 1834 | 是 |
| 7 | 联想（北京）有限公司 | 1807 | 否 |
| 8 | 腾讯科技（深圳）有限公司 | 1681 | 否 |
| 9 | 中兴通讯股份有限公司 | 1552 | 是 |
| 10 | 中国石油化工股份有限公司 | 1129 | 是 |

数据来源：国家知识产权局网站。

### 4.4.3 国有企业科技成果转化影响深远

国有企业不断深入推进科技成果转化工作，并取得一定成绩。具体来讲，国有企业不断完善政策体制，在成果转化各环节制定具体的指导意见，进一步在收益分配机制、人员激励机制、评估机制等方面进行有效的尝试；加强服务平台建设，并通过平台逐步推动科技成果转化项目的落地实施；内部初步培养出一批专业化的科技成果转化人才队伍；对科技成果转化涉及的科研人员和转化人才进行了分红和股权激励尝试，并逐步完善和落实相关权益分配措施。

以中央企业为例，调查的 71 家中央企业中，有 44 家企业在成果转化各环节已经制定了具体的指导意见，包括但不限于成果权属、科研人员激励、收益分配机制、评估机制、免责机制、转移转化形式和机制等；共建设了 183

个科技成果转化服务平台，平台建成后（2016—2018年）累计承担转化项目数为5648项。2016—2018年，累计签订成果转化合同10693项，实现成果转化合同额673.66亿元；专职从事成果转化人员数量为7486人，兼职从事成果转化人员数量为27050人，持有技术经纪人（技术经理人）证书的人员数量总数为290人；合计共产生成果转化项目4770项，参与成果转化的科研人员共计29501人，产生的成果转化总合同金额818.38亿元；对科研人员累计现金分红3.8349亿元，累计激励科研人员11577人次，对成果转化人员累计现金分红1.4573亿元，累计激励成果转化人员11123人次。对科研人员累计股权激励3847.7万元，累计激励科研人员129人次；对成果转化人员累计股权激励1758万元，累计激励成果转化人员48人次。可以看出，国有企业在科技成果转化的推动上采取了一定的措施和行动，并取得明显成绩。

国有企业是推动行业技术进步和国家技术创新的主力军。国有企业科技成果转化的推进，有利于国有企业不断完善自主创新体系和创新激励机制，加大科技投入，壮大科技人才队伍，搭建高水平科技创新平台，夯实科技创新基础。国有企业在许多重点领域突破和掌握了关键核心技术，也取得了丰硕成果。曾涌现出一大批具有世界先进水平的标志性重大科技成果。如载人航天、深海探测、高速铁路、特高压输变电、移动通信、国产航母、国产大飞机等，都具有世界一流水平。国有企业一大批具有前瞻性、突破性的科技创新引领了行业和产业的发展。如港珠澳大桥、"蓝鲸1号"海上钻井平台、北斗卫星导航系统、页岩油气资源开发、可燃冰开采、天地一体化信息网络、新一代核反应堆、新型运载火箭、大型运输机等成果，都有效带动了相关产业向产业链的高端转移。新的时代背景下，国有企业需要继续发挥创新引领和行业支撑作用。

国有企业推动科技成果转化，可以进一步整合优化创新资源，激发企业创新活力，提高企业自主创新能力，实现科技创新支撑并引领国有企业快速健康发展，国有企业将成为增强我国综合国力和竞争力的主导力量。国有企业科技成果的快速转化，有利于国有企业带动集体企业、民营企业等其他多种所有制经济的共同发展，有助于促进产业链的形成。促进科技成果转化能提高创新资源的优化配置，加强国有经济主导下多种所有制经济的协同发展关系，有利于各种所有制经济发挥各自的优势，进一步提升我国创新资源的利用效率。基于以上，国有企业在我国科技成果转化体系中占据主导地位，是保障我国经济高质量发展的国之重器。

## 4.5 小结

首先，本章明确了国有企业的三个功能定位，即现阶段国有企业的功能在于保障和完善中国特色社会主义制度，维护国家经济安全和社会和谐稳定，保障公共政策和国家战略目标的实现。其次，本章分析了国有企业在改革开放以后的发展历程和发展现状。依据代表性的法规政策颁布的时间节点，把我国国有企业的发展划分为四个阶段；并从国有资本状况、管理体制改革情况、服务经济社会发展情况等方面研究了国有企业的发展现状。再次，在国有企业发展基础条件的分析上，结合科技成果转化促进国有企业发展的作用机理，探讨国有企业发展与科技成果转化的内在联系。最后，本章从国家相关政策方针的制定、国有企业创新资源的丰富性、国有企业科技成果转化影响深远三个维度来回答国有企业在我国科技成果转化体系中的主导作用。

本章的研究表明，国有企业的发展方向与我国的发展阶段和发展战略息息相关。国有企业科技成果转化符合国有企业本身的功能定位，是服务于我国经济高质量发展的应有之举。同时，国有企业科技成果转化也有助于新时代企业自身的发展，将促进多种所有制经济协同发展，对我国经济社会的进步有着深远影响。

# 第5章

# 国有企业科技成果转化的政策制度创新研究

本章主要对国有企业科技成果转化的政策制度创新进行研究，包括政策制度的一般现状分析和政策制度的优化建议两个部分。为明确国有企业科技成果转化制度的现状，本章将对我国国有企业科技成果转化的中央政策法规、地方政策法规进行文本分析，并从部门规章制度和企业集团制度层面对中央企业的科技成果转化进行多层次的研究。此外，本章从国有资产管理视角出发，研究国有企业科技成果转化的制度困境与对策。一方面，我国一直将国有企业（包括中央企业）的科技成果和知识产权产出作为国有资产管理（毛程连，2005），科技成果转化的本质是"科技成果"作为一项资产在不同主体之间流动和交易的过程（袁忆 等，2019）。国有企业科技成果转化可以视为国有企业拥有的"科技成果"这一国有资产在不同主体之间流动和交易的过程，也是企业对"科技成果"这一国有资产进行管理的过程，且国有资产管理是国有企业改革的重要内容和保障。另一方面，对高校、科研院所科技成果转化的研究表明，科技成果转化遇到的制度困境集中于科技成果权属（肖尤丹，2019；张文斐，2019；宋河发，2016）、利益分配（徐洁，2018）、转化机制（徐明波，2020）等方面，与国有资产管理紧密相关。因此，本章通过国有资产管理的视角，研究国有企业在科技成果转化进程中面临的制度困境，并提出相适应的对策建议。对于进一步完善国有资产管理和运营、推动国有企业科技成果转化具有重要的理论价值和现实意义。

## 5.1 研究设计

### 5.1.1 基本制度建设情况分析

为了明确国有企业科技成果转化制度的困境与对策，本书首先对国有企业科技成果转化制度建设的一般现状进行研究，采用文本分析和问卷调查相结合的研究方法。其中，文本分析主要涉及对科技成果转化相关的法律法规、制度规章，信息来源于北大法宝、国资委网站等。问卷调查包括中央企业科技成果转化制度制定情况，调查范围为中央企业集团层面用于支持科技成果转化的有关制度（含管理办法、通知等），包括但不限于成果权属、科研人员激励、收益分配机制、评估机制、免责机制、转移转化形式和机制等。问卷由国资委向97家中央企业发放收回，发放时间为2019年6月，收到71家中央企业的有效问卷。具体而言，本书先从中央政策法规层面（包括法律、行政法规、部门规章）研究国有企业科技成果转化在国家层面相关的法律制度。再根据中央企业和地方国有企业主管单位的不同，分别从国资委出台的部门规章、地方政府出台的法规两个层面研究对应的中央企业、地方国有企业。基于实际调研的资料，在企业集团层面对中央企业科技成果转化的相关制度进一步分析。

### 5.1.2 科技成果转化与国有资产管理关系模型研究

国有企业科技成果转化的整个流程涉及国有资产管理的各个环节。作为技术类无形资产，科技成果具有可复制性、收益性、权益法定等特征（肖尤丹，2019）。在某种意义上，科技成果转化的过程也是科技成果相关权利变更的过程，因而权属问题和收益问题是其中的关键（骆严 等，2015；毛程连，2005）。国有资产管理包括国有资产的清产核资、评估、投资、运作、收益处置和分配、监督等方面或环节的管理（莫童，2004），企业国有资产管理基础工作包括企业国有资产的产权界定、产权登记、资产评估监管、清产核资、资产统计、综合评价等。

根据科技成果转化对应国有资产管理的关键节点，构建国有企业科技成果转化流程模型，包括建立转化清单、确定转化方式、确定收益分配、实施成果转化、评估与考核五个步骤。国有企业科技成果转化流程与对应国有资产管理的环节如图 5.1 所示。

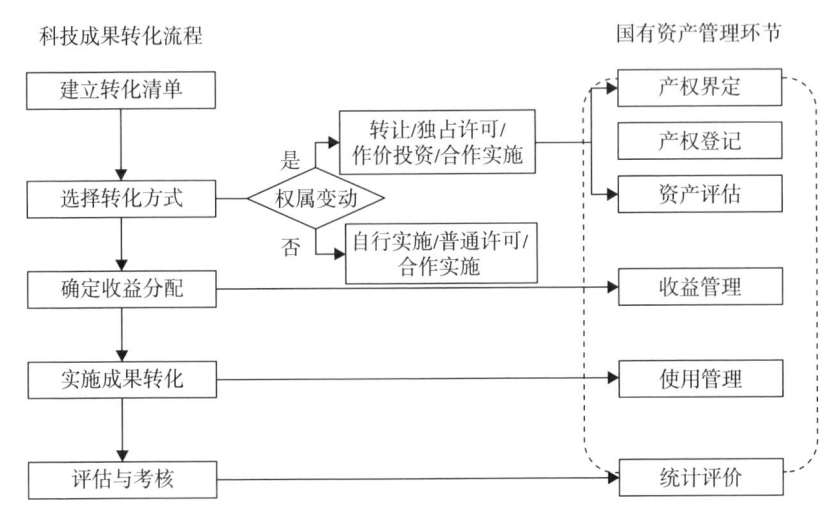

图 5.1　国有企业科技成果转化流程与对应国有资产管理环节

第一，建立转化清单。遴选科技成果，确定可转化的科技成果清单，是科技成果转化实施的依据。列入转化清单的项目，需要权属清晰，单独享有知识产权的可以自主实施科技成果转化；共同享有知识产权的，须征得知识产权共有单位同意，按照协议规定实施转化。

第二，选择转化方式。以转让、独占许可、作价投资等方式实施科技成果转化的，科技成果供方不再拥有科技成果所有权，国有资产权属发生变动，需按国有资产管理的要求进行产权界定、产权登记、资产评估；以自行实施、普通许可等方式实施成果转化的，国有资产权属不发生变化，不涉及国有资产管理问题。

第三，确定收益分配。促进科技成果转化的关键在于调动利益相关者的积极性，因而提供有效的激励制度十分重要。国有企业科技成果转化的人员激励目前主要包括两个方面：一是通过自行实施、许可等方式获得现金收益的，对相关人员给予现金奖励；二是通过以作价出资等方式获得股权收益的，对相关人员给予股权奖励。科技成果转化的收益分配对应国有资产管理的收益管理。

第四，实施成果转化。实施科技成果转化要遵循市场规律，明确并公开异议处理程序和办法。科技成果应当通过协议定价、在技术交易市场挂牌交易、拍卖等市场化方式确定价格。通过协议定价的，科技成果持有单位应当在本单位公示科技成果名称和拟交易价格，明确公示时间。该步骤对应国有资产的使用管理环节，明确要求按规定权限履行审批程序。

第五，评估与考核。科技成果转化单位需总结科技成果转化实施情况，向主管部门提交科技成果转化年度总结报告，包括科技成果转化取得的总体成效、面临的问题、转化绩效、奖惩情况等。主管部门对单位科技成果转化实施情况评估，将评估结果纳入年度经营业绩考核。这部分涉及国有资产管理的统计评价环节，要求进行资产运营、绩效等情况的分析评价。

基于此，本章将从国有资产管理视角研究国有企业科技成果转化的制度困境，并根据国有企业科技成果转化流程与对应的国有资产管理环节展开具体研究。

## 5.2 我国国有企业科技成果转化相关的中央政策法规文本分析

### 5.2.1 中央政策法规的总体情况

《促转法》最早由全国人民代表大会常务委员会于 1996 年 5 月 15 日发布，自 1996 年 10 月 1 日起施行，于 2015 年 8 月 29 日修正。《促转法》是为促进科技成果转化为现实生产力、规范科技成果转化活动、加速科学技术进步、推动经济建设和社会发展而制定。其中，对于国有企业科技成果转化的规定在第四章第四十五条，明确指出国有企业、事业单位依照本法规定对完成、转化职务科技成果做出重要贡献的人员给予奖励和报酬的支出计入当年本单位工资总额，但不受当年本单位工资总额限制、不纳入本单位工资总额基数。

目前，我国已经在促进科技成果转化方面形成了法律条款、配套细则、具体行动的"三部曲"：《促转法》《实施〈中华人民共和国促进科技成果转化法〉若干规定》《促进科技成果转移转化行动方案》。此外，中央层面也陆续出台了相关行政法规、部门规章来支持国有企业科技成果转化工作。经北大法宝检索❶国有企业科技成果转化相关的中央政策法规（全文中字段包含"科技成果转化"和"国有企业"），筛选出现行有效的10条中央政策法规，名称、效力级别、发布部门与实施日期如表5.1所示。

表5.1 国有企业科技成果转化相关的中央政策法规

| 序号 | 名称 | 效力级别 | 发布部门 | 实施日期 |
| --- | --- | --- | --- | --- |
| 1 | 《中华人民共和国促进科技成果转化法》（2015修正） | 法律 | 全国人民代表大会常务委员会 | 2015.10.01 |
| 2 | 《促进科技成果转移转化行动方案》 | 国务院规范性文件 | 国务院办公厅 | 2016.04.21 |
| 3 | 《实施〈中华人民共和国促进科技成果转化法〉若干规定》 | 国务院规范性文件 | 国务院 | 2016.02.26 |
| 4 | 《国务院关于深化制造业与互联网融合发展的指导意见》 | 国务院规范性文件 | 国务院 | 2016.05.13 |
| 5 | 《关于实行以增加知识价值为导向分配政策的若干意见》 | 党内法规 | 中共中央办公厅、国务院办公厅 | 2016.11.07 |
| 6 | 《国务院办公厅关于建设第二批大众创业万众创新示范基地的实施意见》 | 国务院规范性文件 | 国务院办公厅 | 2017.06.15 |
| 7 | 《国家技术转移体系建设方案》 | 国务院规范性文件 | 国务院 | 2017.09.15 |
| 8 | 《国务院办公厅关于推广支持创新相关改革举措的通知》 | 国务院规范性文件 | 国务院办公厅 | 2017.09.07 |

❶ 检索日期为2020年12月23日。

续表

| 序号 | 名称 | 效力级别 | 发布部门 | 实施日期 |
| --- | --- | --- | --- | --- |
| 9 | 《振兴东北科技成果转移转化专项行动实施方案》 | 部门工作文件 | 科技部、国家发展改革委、教育部等 | 2018.01.09 |
| 10 | 《国务院关于优化科研管理提升科研绩效若干措施的通知》 | 国务院规范性文件 | 国务院 | 2018.07.18 |

### 5.2.2 中央政策法规的文本内容研究

相关中央政策法规明确了国有企业科研人员的激励机制，但对于涉及的权益处置无明确规定。我国促进科技成果转化"三部曲"中，针对国有企业科技成果转化的具体内容，主要是对科技成果转化人员的激励问题，一是科技成果转化人员的奖励计入当年本单位工资总额，但不受当年本单位工资总额限制、不纳入本单位工资总额基数；二是对国有科技型企业实施股权和分红激励政策，激励科技人员开展科技成果转化。但是，对国有企业在科技成果转化具体权益处置（使用权、处置权、收益权）方面并无明确规定。此外，和国有企业科技成果转化关联比较紧密的文件还有《关于实行以增加知识价值为导向分配政策的若干意见》《国家技术转移体系建设方案》等，对国有企业科技成果转化也有一定指导作用。

其中，《国务院办公厅关于推广支持创新相关改革举措的通知》提出完善地方国有企业重大创新工程和项目的容错机制，引入领导人员任期激励等中长期激励方式。《国务院办公厅关于建设第二批大众创业万众创新示范基地的实施意见》在国有企业融资方面做出推进，提出要建立有利于国有企业、国有资本从事创业投资的容错机制。《国务院关于深化制造业与互联网融合发展的指导意见》指出培育国有企业融合发展机制，鼓励中央企业设立创新投资基金，完善国有企业内部创新组织体系和运行机制等。表5.2对上述政策涉及的国有企业科技成果转化的具体内容进行了总结。

从中央政策法规的文本内容研究可以看出，国家支持、鼓励、引导国有企业科技成果转化工作。在法律上明确指出了对国有企业技术研发人员、转化人员的激励,并鼓励国有企业完善多种激励分配机制,提出创新导向的中长期激励方式和容错机制,支持国有企业开展科技成果的交易和运营。

表 5.2  国有企业科技成果转化相关的中央政策法规

| 名称 | 涉及国有企业科技成果转化的内容 |
| --- | --- |
| 《中华人民共和国促进科技成果转化法》 | 国有企业、事业单位依照本法规定对完成、转化职务科技成果做出重要贡献的人员给予奖励和报酬的支出计入当年本单位工资总额,但不受当年本单位工资总额限制、不纳入本单位工资总额基数 |
| 《实施〈中华人民共和国促进科技成果转化法〉若干规定》 | 国家鼓励企业建立健全科技成果转化的激励分配机制,充分利用股权出售、股权奖励、股票期权、项目收益分红、岗位分红等方式激励科技人员开展科技成果转化。国务院财政、科技等行政主管部门要研究制定国有科技型企业股权和分红激励政策,结合深化国有企业改革,对科技人员实施激励 |
| 《促进科技成果转移转化行动方案》 | 鼓励企业探索新的商业模式和科技成果产业化路径,加速重大科技成果转化应用。<br>推动企业加强科技成果转化应用。以创新型企业、高新技术企业、科技型中小企业为重点,支持企业与高校、科研院所联合设立研发机构或技术转移机构,共同开展研究开发、成果应用与推广、标准研究与制定等。<br>引导高校、科研院所、国有企业的科技成果挂牌交易与公示 |
| 《关于实行以增加知识价值为导向分配政策的若干意见》 | 完善国有企业对科研人员的中长期激励机制。尊重企业作为市场经济主体在收入分配上的自主权,完善国有企业科研人员收入与科技成果、创新绩效挂钩的奖励制度。国有企业科研人员按照合同约定薪酬,探索对聘用的国际高端科技人才、高端技能人才实行协议工资、项目工资等市场化薪酬制度。符合条件的国有科技型企业,可采取股权出售、股权奖励、股权期权等股权方式,或项目收益分红、岗位分红等分红方式进行激励 |
| 《国家技术转移体系建设方案》 | 依托企业、高校、科研院所建设一批聚焦细分领域的科技成果中试、熟化基地,推广技术成熟度评价,促进科技成果规模化应用。<br>支持企业牵头会同高校、科研院所等共建产业技术创新战略联盟,以技术交叉许可、建立专利池等方式促进技术转移扩散。<br>引导企业、高校、科研院所发展专业化众创空间……<br>鼓励企业开展国际技术转移。引导企业建立国际化技术经营公司、海外研发中心,与国外技术转移机构、创业孵化机构、创业投资机构开展合作 |

续表

| 名称 | 涉及国有企业科技成果转化的内容 |
|---|---|
| 《国务院关于优化科研管理提升科研绩效若干措施的通知》 | ……加大高校、科研院所和国有企业科研人员科技成果转化股权激励力度，科研人员获得的职务科技成果转化现金奖励计入当年本单位绩效工资总量，但不受总量限制，不纳入总量基数 |
| 《国务院办公厅关于推广支持创新相关改革举措的通知》 | 《支持创新相关改革举措推广清单》第5条指出，强化创新导向的国有企业考核与激励。完善对地方国有企业重大创新工程和项目的容错机制，引入领导人员任期激励等创新导向的中长期激励方式 |
| 《国务院办公厅关于建设第二批大众创业万众创新示范基地的实施意见》 | 研究建立有利于国有企业、国有资本从事创业投资的容错机制 |
| 《国务院关于深化制造业与互联网融合发展的指导意见》 | 培育国有企业融合发展机制。鼓励中央企业设立创新投资基金，引导地方产业投资基金和社会资本，支持大企业互联网"双创"平台建设、创新创意孵化、科技成果转化和新兴产业培育。建立有利于国有企业与互联网深度融合、激发企业活力、积极开展"双创"的机制，完善国有企业内部创新组织体系和运行机制，探索引入有限合伙制，完善鼓励创新、宽容失败的经营业绩考核机制，研究建立中央企业创新能力评价制度，建立促进创新成果转让的收益分配、工资奖励等制度，对企业重要技术人员和经营管理人员实施股权和分红激励政策 |

## 5.3 我国中央企业科技成果转化制度建设现状

基于国家法律法规、部门规章制度、企业集团制度三个层次的分析，中央企业科技成果转化制度建设主要有两方面的发现，一是中央企业科技成果转化制度建设总体处于初级阶段；二是不同企业集团之间制度建设存在显著差异性。

### 5.3.1 部门规章制度

相关部门对中央企业科技成果转化制度建设进行了一定程度的引导和推动，主要把国家层面的转化人员激励政策进行细化和落实。目前，主要的相关政策有《国有科技型企业股权和分红激励暂行办法》《关于进一步推进中央企业创新发展的意见》《关于进一步做好中央企业控股上市公司股权激励工作有关事项的通知》《关于推进央企知识产权工作高质量发展的指导意见》，其发文单位和涉及的中央企业科技成果转化要点如表5.3所示。

表5.3　中央企业科技成果转化部门规章制度

| 名称 | 发文部门 | 涉及中央企业科技成果转化的要点总结 |
| --- | --- | --- |
| 《国有科技型企业股权和分红激励暂行办法》 | 财政部、科技部、国资委 | 对符合条件的国有科技型企业实施股权激励和分红激励 |
| 《关于进一步推进中央企业创新发展的意见》 | 科技部、国资委 | 引导中央企业围绕基础研究、应用研究和技术创新全链条部署，增加成果供给，培育发展新兴产业。推进《促转法》在中央企业落地，采取多种方式推动建立中央企业技术交易平台 |
| 《关于进一步做好中央企业控股上市公司股权激励工作有关事项的通知》 | 国资委 | 从科学制定股权激励计划、支持科创板公司实施股权激励、健全股权激励管理体制等方面指导中央企业控股上市公司进一步规范实施股权激励 |
| 《关于推进中央企业知识产权工作高质量发展的指导意见》 | 国资委、国家知识产权局 | 制定企业对外转化流程，做好技术推广、管理。充分利用好工资总额、股权、分红等激励政策。通过质押融资等市场化方式，加强知识产权运营。建立知识产权运营服务平台 |

部门层面的制度规章中有显著影响力的规定包括：制定对国有科技型企业股权和分红激励的具体实施方案；从股权的计划、实施、管理方面规范中央企业控股上市公司的股权激励。而最新发布的《关于推进中央企业知识产权工作高质量发展的指导意见》进一步提出促进中央企业知识产权高效应用的具体举措和要求，包括加强中央企业技术推广与管理、建立完善激励机制、推进技术资本运作、成立运营平台等，对于中央企业科技成果转化制度多方位推动作出了明确要求。

### 5.3.2　企业集团制度

在企业层面，各中央企业集团科技成果转化制度体系建设存在显著性差异。截至2019年上半年，调查的71家中央企业中有11家在集团层面没有制定科技成果转化相关的制度，占比约 15.50%。有 29 家中央企业在集团层面出台了科技成果转化的基本规章制度，对成果权属和转移转化形式做出规定，占比约 40.85%。有 8 家中央企业在集团层面不仅出台了成果转化的基本规章制度，对成果权属和转移转化形式做出规定，同时在收益分配机制、人员激励机制、评估机制等方面均出台了详细可操作的指导办法，这部分中央企业的数量占比约 11.27%。在企业层面，中央企业科技成果转化的相关制度情况如表 5.4 所示。其中，其他制度包括成立科技成果转化基金、建立双创示范基地、进行新技术推广等。

表 5.4 中央企业科技成果转化企业层面的制度情况

| 成果权属 | 转化形式 | 评估机制 | 收益分配 | 人员激励 | 其他制度 | 企业数量/家 | 数量占比 |
| --- | --- | --- | --- | --- | --- | --- | --- |
| N | N | N | N | N | N | 11 | 15.49% |
| Y | — | — | — | — | — | 47 | 66.20% |
| Y | Y | — | — | — | — | 29 | 40.85% |
| Y | Y | Y | — | — | — | 8 | 11.27% |
| Y | Y | — | Y | — | — | 19 | 26.76% |
| Y | Y | — | — | Y | — | 21 | 29.58% |
| Y | Y | — | Y | Y | — | 18 | 25.35% |
| Y | Y | Y | — | Y | — | 8 | 11.27% |
| Y | Y | Y | Y | Y | — | 8 | 11.27% |
| Y | Y | Y | Y | Y | Y | 8 | 11.27% |

注：N 表示没有制定相关制度，Y 表示制定了相关制度，"—" 表示包含 N 和 Y 两种情况，即对该符号标注下的变量不做控制。数量占比为相应企业数量在调研企业总数中的占比。

表 5.4 的数据表明，在企业层面，中央企业的科技成果转化制度建设情况可以划分为 4 个层次，约 15.50% 的企业完全没有建立相关制度；约 40.85% 的企业制定了最基本的规章制度；约 29.58% 的企业制定了人员激励制度；约 11.30% 的企业制定了较为全面的评估机制、收益分配、人员激励制度。可以看出，在企业层面，各中央企业集团科技成果转化的制度建设情况存在显著差异化，且总体上处于初级阶段。

## 5.4 我国地方国有企业科技成果转化制度建设现状

### 5.4.1 地方法规的总体情况

地方政策法规包括地方性法规、地方规范性文件和地方工作文件。经北大法宝检索，在地方政策法规中，标题含有"科技成果转化"或者"科技成果转移"或者"技术转移"且全文中涉及"国有企业"的规章制度共计120篇，其中现行有效的99篇、失效11篇、已被修改10篇；现行有效的地方政策法规中，地方性法规23篇，地方规范性文件36篇，地方工作性文件40篇，结果如表5.5所示。

表5.5 国有企业科技成果转化的地方政策法规（现行有效）

（个）

| 类别 | 地方法规 | 地方规范性文件 | 地方工作文件 | 共计 |
| --- | --- | --- | --- | --- |
| 地方政策法规总量 | 37 | 42 | 41 | 120 |
| 现行有效的政策法规数量 | 23 | 36 | 40 | 99 |

从国有企业科技成果转化的地方政策法规发布年份情况来看（见图5.2），地方国有企业科技成果转化制度建设以2015年为拐点，划分为两个阶段。1995—2015年，地方国有企业科技成果转化制度建设处于初步阶段，该阶段的特征为缓慢、零散；2016—2020年，地方国有企业科技成果转化制度建设处于发展阶段，该阶段的特征为法规数量显著增长、集聚。2015年8月29日，《促转法》进行修正，国家法律的修正对地方政策法规建设影响显著。可以看出，地方法规建设的发展趋势与中央政策法规建设的发展趋势保持一致，地方政策法规建设的发展趋势紧跟中央政策法规建设的发展趋势。

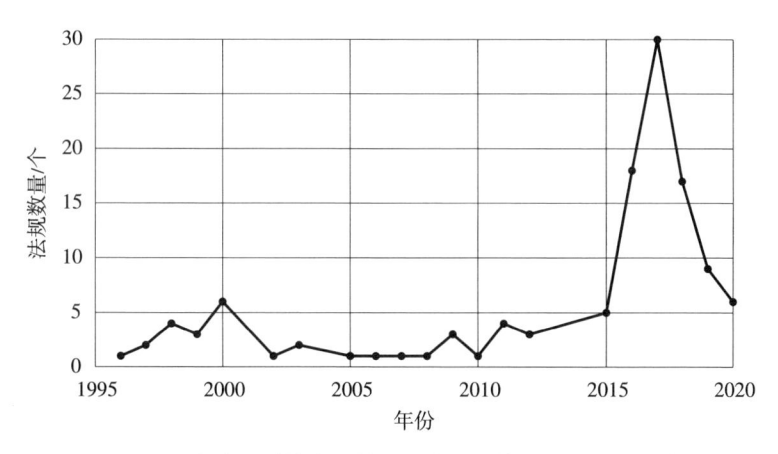

图 5.2　国有企业科技成果转化的地方政策法规发布年份情况

检索结果显示，有 21 个地区发布了涉及国有企业科技成果转化的地方政策法规，主要是省级的促进科技成果转化办法，有 18 个地区发布了相关的地方规范性文件，有 19 个地区发布了地方工作文件。从地方政策法规发布的地区分布上看，没有表现出明显的东西部区域差异，也没有表现出明显的南北部区域差异，无论是经济较为发达的沿海地区还是经济相对不那么发达的西部地区，都进行了相关的地方政策法规建设。国有企业科技成果转化的地方政策法规分布区域情况具体如表 5.6 所示。

表 5.6　国有企业科技成果转化的地方政策法规分布区域情况

| 分类 | 地区 | 合计/个 |
| --- | --- | --- |
| 地方性法规 | 黑龙江、北京、天津、河北、上海、浙江、福建、广东、广西、内蒙古、江西、河南、安徽、湖南、云南、西藏、陕西、甘肃、青海、宁夏、新疆 | 21 |
| 地方规范性文件 | 北京、天津、河北、山西、辽宁、上海、江苏、安徽、福建、江西、山东、河南、湖南、湖北、贵州、陕西、甘肃、重庆 | 18 |
| 地方工作文件 | 北京、河北、山西、内蒙古、辽宁、吉林、黑龙江、上海、江苏、浙江、福建、江西、山东、湖南、广西、贵州、陕西、青海、重庆 | 19 |

## 5.4.2 地方政策法规的文本内容分析

检索结果显示，我国有 21 个地区在省级地方政策法规层面对国有企业科技成果转化工作要求做出规定。基于此，对该部分国有企业科技成果转化的相关规定内容进行分析，从表 5.7 可以看出，省级地方政策法规主要针对国有企业科技成果转化的科研人员激励、负责人免责制度、企业考核要求。第一，科研人员激励包括奖励报酬不受工资总额限制、股权分红激励，如国有企业、事业单位对完成、转化职务科技成果做出重要贡献的人员给予奖励和报酬的支出计入当年本单位工资总额，但不受当年本单位工资总额限制、不纳入本单位工资总额基数；国有企业应当建立科技成果转化的激励分配机制，利用股权出售、股权奖励、股票期权、项目收益分红、岗位分红等方式激励科技人员开展科技成果转化。第二，负责人免责制度，如政府设立的高等院校、研究开发机构、国有企业在科技成果转化中，通过技术交易市场挂牌交易、拍卖等方式确定科技成果价格的，或者通过协议定价并在本单位以及技术交易市场公示拟交易价格的，单位负责人履行勤勉尽责义务、未非法牟利的，不因科技成果转化后续价值的变化承担决策责任；研发机构、高等院校、国有企业负责人根据法律法规和本单位制度实施科技成果转化，履行了民主决策程序、合理注意义务和监督管理职责的，即视为已履行勤勉尽责义务。第三，企业考核要求，如国有资产管理部门应当建立有利于科技成果转化的考核评价机制，将市属国有企业的研究开发投入、科技成果转化等情况列入企业管理者经营业绩考核范围。

其中，青海省明确提出国有企业对于科技成果享有自主权。《青海省促进科技成果转化条例》第二十条指出，政府设立的高等院校、研究开发机构、国有企业对其持有的科技成果享有自主处置权，可以自主决定转化方式，但应当通过在技术交易市场挂牌交易、协议定价或者拍卖等方式确定价格，涉及国家秘密的除外。天津市提出鼓励国有企业科技人员离岗创业。《天津市促进科技成果转化条例》第三十一条指出，支持国有企业职工通过兼职或者离岗创业从事科技成果转化活动。

表 5.7　国有企业科技成果转化的地方政策法规及其内容要点

| 发布日期 | 地区 | 内容要点 |
| --- | --- | --- |
| 2020.07.01 | 青海 | 享有自主处置权；建立知识产权管理台账等制度；负责人免责规定 |
| 2020.07.01 | 云南 | 负责人免责标准；奖励报酬不受工资总额限制 |
| 2019.11.29 | 广东 | 奖励报酬不受工资总额限制 |
| 2020.01.01 | 北京 | 奖励报酬不受工资总额限制；列入经营业绩考核 |
| 2019.11.01 | 湖南 | 负责人免责标准；奖励报酬不受工资总额限制 |
| 2020.01.01 | 河南 | 奖励报酬不受工资总额限制 |
| 2019.03.01 | 西藏 | 股权分红激励；奖励报酬不受工资总额限制 |
| 2019.03.01 | 内蒙古 | 列入经营业绩考核 |
| 2019.01.01 | 安徽 | 负责人免责标准；奖励报酬不受工资总额限制 |
| 2018.11.01 | 宁夏 | 奖励报酬不受工资总额限制 |
| 2018.10.01 | 广西 | 股权分红激励；奖励报酬不受工资总额限制 |
| 2018.05.31 | 江西 | 无针对国有企业规定 |
| 2018.01.01 | 福建 | 转化经费投入视同利润 |
| 2018.02.01 | 陕西 | 加大科技成果转化投入；奖励报酬不受工资总额限制 |
| 2017.09.01 | 天津 | 奖励报酬不受工资总额限制；负责人免责标准；支持离岗创业 |
| 2017.06.01 | 上海 | 转化经费投入视同利润；负责人免责标准 |
| 2017.10.01 | 浙江 | 奖励报酬不受工资总额限制 |
| 2017.02.01 | 黑龙江 | 奖励报酬不受工资总额限制；负责人免责标准；完善绩效考核评价；人员中长期激励 |
| 2016.12.01 | 河北 | 奖励报酬不受工资总额限制 |
| 2016.06.01 | 甘肃 | 完善绩效考核评价；完善收入分配激励 |
| 1999.07.01 | 新疆 | 必须进行资产评估 |

综上所述，地方政策法规建设的发展趋势紧跟中央政策法规建设的发展趋势，且没有表现出明显的东西或南北区域差异。具体来看，省级地方政策法规在落实中央政策法规的基础之上，还进行了促进国有企业科技成果转化的一系列举措，其内容主要涵盖三个方面，一是落实对国有企业科技成果转化的科研人员激励，二是项目负责人在履行职责、科学决策的条件下不因科技成果转化后续价值的变化承担决策责任，三是要求国有企业建立有利于科技成果转化的考核评价机制。

## 5.5 国有资产管理视角下中央企业科技成果转化的制度困境

### 5.5.1 制度困境分析

基于国有企业科技成果转化与国有资产管理的对应关系,从国有资产管理的视角出发,分析国有企业科技成果转化整个流程中面临的制度困境。综合来看,国有资产管理导致的制度困境主要存在以下五个方面。

第一,国有资产管理中的产权界定、产权登记、使用管理环节给国有企业科技成果转化带来一定的效率损失。权益配置是影响科技成果转化的关键,而我国科技成果转化"三部曲"没有明确国有企业科技成果转化的权益处置问题。即使高校、科研院所的科技成果转化工作有法律上更为明确的权益配置规定,却仍然受制于旧的行政管理体制,尚不能充分发挥应有效能,更不用说受制于多级国有资产管理体制下的国有企业科技成果转化工作。当下,国有企业科技成果转化过程中,需要履行产权界定、产权登记、使用管理等一般国有资产应履行的管理要求,决策程序繁琐,审批严格复杂,耗时漫长,不利于国有企业科技成果的市场化运营与实施。

第二,国有资产管理的资产评估环节延缓了国有企业科技成果转化的进程。对于一般性国有资产来说,资产评估在实现国有资产的增值保值、防止国有资产流失方面有其合理性和必要性。而知识产权的价值要依托完备的市场机制,且在实施转化之后才能判断,是不固定且无法精确计算的。对国有企业科技成果的价值进行评估,过程复杂且效能低下。事实上,国有企业科技成果转化需要履行繁杂的资产处置程序,企业在一般情况下很难利用这些技术类无形资产进行相关的投融资、贷款、抵押等金融活动。

第三,国有资产管理的收益管理环节缺乏有效的科技成果转化人才激励机制。科技成果转化人员的激励机制建设一直是推动科技成果转化制度建设的关键所在,但国有企业科技成果转化人员无法享受应有的成果转化收益。一方面,个税优惠政策目前只适用于非营利性科研机构和高校科技成果转化人员，国有企业科研人员无法享受到科技成果转化的税收优惠政策。另一方面，国有企业科技成果转化人员获得股权激励十分受限，且股权的使用对企业的规模、性质都有一定的要求❶。虽然国家法律层面已经明确了科技成果转化人员奖励计入当年本单位工资总额，但不受当年本单位工资总额限制、不纳入本单位工资总额基数，但部分国有企业在实际操作层面，激励额度和不占用工资总额比较难落地，各企业集团二级单位仍受集团公司年度工资总额管理制度的限制，奖励金额有限。

第四，国有资产管理的统计评价环节缺乏有效的成果转化考核与评价体制。科技成果评估体系亟待完善，不同的科技创新工作类型及其成果缺乏科学的分类考核评价与激励机制，转化成果考核评价标准单一，且企业之间对考核标准没有达成一定共识，基础研究、应用研究和前瞻性研究的评价工作没有制定系统化的标准，无法实现对科技成果转化的有效管理和激励。

第五，国有企业科技成果转化的容错机制不健全。理论研究表明，高层管理者在国有企业各项改制变革的推动中发挥着重要作用（Runtian et al.，2013）。科技成果转化是一个复杂的系统工程，具有高不确定性。目前，领导干部的决策免责没有明确的规定，在较大的决策风险面前，相关负责人为防止触碰国有资产流失的红线，在行动上倾向于举棋不定，甚至止步不前，致使科技成果转化项目的推迟甚至终止。

基于以上分析，国有企业科技成果转化存在的制度困境可以细分为五个方面，一是由于国有资产的产权界定、产权登记、使用管理带来的权益处置效率问题；二是知识产权的资产评估问题，强行要求预期性、风险性的无形资产评估精确化、数字化；三是资产收益管理制度无法实现科技成果转化人员应有的激励；四是科技成果转化考核机制有待完善；五是国有资产管理评价环节涉及的容错机制不健全。综上所述，国有资产管理视角下国有企业科技成果转化存在的制度困境分析如图 5.3 所示。

---

❶ 例如，在中央企业员工股权奖励方面，研发团队核心成员属于子公司，若同时持有新合资公司股份，不符合《关于规范国有企业职工持股、投资的意见》的相关规定，必须同原单位解除劳动合同方能持有新合资公司股份。

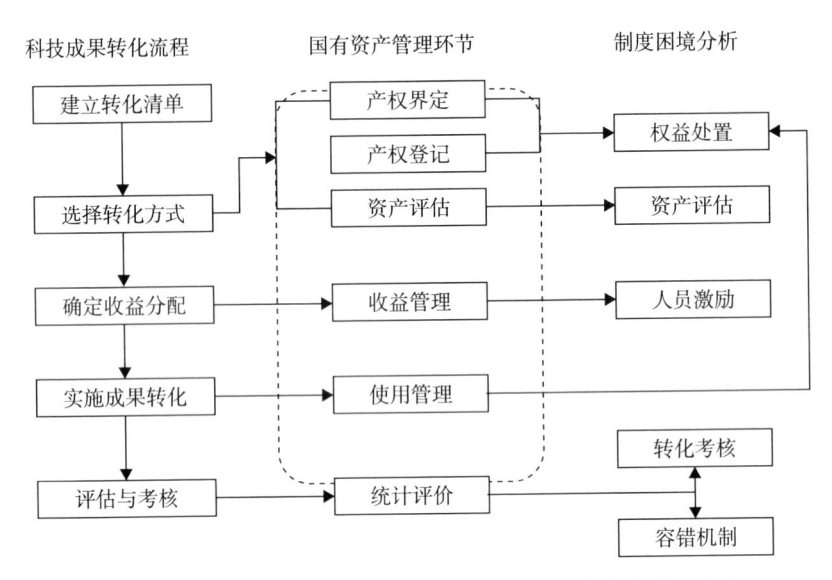

```
科技成果转化流程        国有资产管理环节        制度困境分析

  建立转化清单              产权界定              权益处置
                            产权登记
  选择转化方式              资产评估              资产评估

  确定收益分配              收益管理              人员激励

  实施成果转化              使用管理

  评估与考核                统计评价              转化考核
                                                  容错机制
```

图 5.3　国有资产管理视角下国有企业科技成果转化的制度困境

### 5.5.2　研究结论与建议

面对加快形成以国内大循环为主体、国内国际双循环相互促进的新发展格局的新形势，国有企业在我国科技成果转化体系中更应该发挥好其主导作用。基于以上研究，本书认为推动国有企业科技成果转化需要在权益处置、资产评估、人才激励、转化考核、容错机制五个方面进行制度上的完善。

第一，明确国有企业科技成果转化的权益处置问题。按照科技成果转化"三部曲"的要求，结合国有企业科技成果转移转化的具体情况，重点明确国有企业科技成果的使用权、收益权和处置权下放问题。比如，授权国有企业办理科技成果作价投资形成国有股权的转让、无偿划转或者对外投资等管理事项，无需上报审批或者备案。授权国有企业办理科技成果作价投资成立企业的国有资产产权登记事项，无需上报办理登记。

第二，优化国有企业科技成果转化的资产评估。国有资产评估程序不应该成为处置、使用科技成果的事前必要程序。为兼顾科技成果转化的工作效率和国有资产的完整安全，可把国有资产价值评估程序由事前分级审批调整为事后管制程序，通过完善利益冲突信息披露程序作为事中管制的调节措施。

其中，国有企业之间的成果作价投资审批流程并不涉及国有资产流失的问题，其资产处置和审批程序应当进一步简化。

第三，落实国有企业科技成果转化的人才激励措施。一方面，总结先行先试企业解决科技成果奖励与工资总额限制之间的冲突的做法和经验，全面推广对科技成果做出重要贡献的国有企业科研人员和科技成果转化人才的股权和分红激励措施，进一步落实科技成果激励不受工资总额限制的政策。另一方面，参照我国科研机构和高校科研人员的税收优惠政策，国有企业从职务科技成果转化收入中给予科技人员的现金奖励和报酬，可减按50%计入科技人员当月工资、薪金所得，依法缴纳个人所得税。

第四，实现对科技成果的转化考核进行分类管理，尤其对于重大核心技术的成果转化建立长效的考核机制。根据国资委对国有企业的功能界定分类，对国有企业科技成果转化实施分类评价与考核，将科技成果转移转化绩效作为企业创新绩效考核的重要指标，把对经济社会发展的实际贡献作为年度数据监测的一项重要内容。鼓励并指导国有企业在个人岗位晋升、绩效考核中，针对技术转移和成果转化工作情况制定差异化的评价标准，以调动科研人员和科技成果转化人员的积极性。

第五，完善科技成果转化容错机制。建立健全科技成果转化容错纠错机制，为国有企业从事科技成果转化营造宽松的政策氛围。项目相关负责人在推进科技成果转化过程中，在没有违反法律法规和国家政策的禁止性规定、没有谋取私利、没有造成恶劣影响的前提下，经过相应的决策程序，因市场风险、技术迭代或其他不可预见因素未取得预期成果和效益或出现资产损失，且事后积极主动采取措施消除影响或挽回损失的，当免除相关责任。

必须指出的是，在国家政策法规指导之下，国有企业科技成果转化工作已取得长足进展，但在实际操作过程中，由于种种原因，许多成果转化中的矛盾不能得到及时有效地化解，影响成果转化的结果。下面就科技成果转化政策上需要进一步明确的六点问题进行说明。

一是国有企业科研人员无法享受个税优惠政策。《中华人民共和国个人所得税法》规定财产转让所得、特许权使用费所得应缴个人所得税。例如，由于自行转化、许可等成果转化模式的收入往往一次性发生，2017年某科研人员经过 3~5 年时间完成多项成果转化项目共获得 31.1 万元奖励，缴纳个人所得税近 40%，负担较高。《财政部 税务总局 科技部关于科技人员取得职务科技成果转化现金奖励有关个人所得税政策的通知》（财税〔2018〕58 号）文件规定：依法批准设立的非营利性科研机构和高校根据《促转法》规定，从职务科技成果转化收入中给予科技人员的现金奖励，可减按 50% 计入科技人员当月工资、薪金所得，依法缴纳个人所得税。国有企业下属研究院所绝大多数不属于非营利性科研机构，因此，中央企事业单位的科技人员无法享受到该文件的优惠政策。

二是领导干部科技成果转化免责政策不明确。《实施〈中华人民共和国促进科技成果转化法〉若干规定》的文件中规定：科技成果转化过程中，通过技术交易市场挂牌交易、拍卖等方式确定价格的，或者通过协议定价并在本单位及技术交易市场公示拟交易价格的，单位领导在履行勤勉尽责义务、没有牟取非法利益的前提下，免除其在科技成果定价中因科技成果转化后续价值变化产生的决策责任。但是科技成果转化是一个复杂的系统工程，具有很大的不确定性。对于领导干部在科技成果转化过程中如何做才是履行勤勉尽责义务、没有牟取非法利益没有明确规定，领导干部在推进科技成果转化过程中存在顾虑，面临较大的决策风险，在一定程度上影响了整个工作的推动。

三是因科技成果转化需要而新设的公司受国企法人户数限制。科技创新与成果转化离不开金融资本的支持，金融资本更倾向于投资到由科技成果转化项目成立的法人实体，这与国资委对中央企业提出的"瘦身健体、提质增效"改革，削减企业法人户数要求存在冲突，企业法人户数的限制性要求，一定程度上导致科技成果转化路径不畅，影响了科技成果转化效果。

四是国有企业审批程序繁琐影响转化时机。大多数国有企业仍受国有管理体制限制，科技成果转化规模普遍偏小且模式单一。国有资产管理严格，市场适应能力较弱，同时国有企业受多级国有管理体制束缚，决策程序繁琐，审批复杂，不利于市场化运营。我国一直将科技成果作为国有资产管理，要求无形资产实现保值增值，为避免国有资产流失，无形资产转移转化必须进行价值评估。由于评估存在的不确定性，为避免国有资产流失，很多国有企业不敢以低于评估价格出售无形资产，从而导致科技成果难以顺利转化运用。

国有企业内事业单位超过 800 万元的无形资产转化项目必须经过审批，为了避免承担国有资产流失的责任，审批时间较长，而审批时间长往往导致转化有利时机丧失。

五是技术转移经纪人才匮乏。科技成果转化工作涉及专业技术、政策研究、财务成本核算、合同与管理等多方面因素。目前，转化工作以研发设计人员为主体，缺少技术转移经理人角色的支持。多种转化方式的技术转移，必须有专业技术、技术转移经纪、财务等多方面人员的团队协作，要转变技术经纪人培养模式，重点培养集项目管理、专业技术、成果评估、合同谈判、财务管理能力于一体的人才团队。目前，国有企业缺少规范、全面的技术转移经纪人才培训，国内高校也缺少相关专业人才的培养教育，导致企业内技术经纪人才匮乏，限制了中央企业科技成果转化的进程。

六是科技成果降密解密风险高。国有企业中部分涉及国家秘密的单位，一旦发生泄密事件，将对国家安全利益造成重大损失。同时，国防科技领域解密政策中关于解密的责任主体和程序等执行起来难度较大。这种情况导致一些科技成果产出单位因担心造成泄密，没有或者不敢有成果转化的意愿，不愿推动涉密的科技成果转化工作。现行保密规定中没有涉及科技成果转化的明确降密解密流程和标准，增加了涉密成果转化工作的决策风险。

## 5.6 小结

本章通过法律文本分析和问卷调查分析对国有企业科技成果转化制度的现状进行研究。研究表明，国家支持、鼓励、引导国有企业科技成果转化工作，在法律上明确指出了对国有企业技术研发人员、转化人员的激励，并鼓励国有企业完善多种激励分配机制，提出创新导向的中长期激励方式和容错机制，支持国有企业开展科技成果的交易和运营。此外，相关部门对国有企业科技成果转化制度建设进行了一定程度的引导和推动，把国家层面的科技成果转化人员激励政策进行细化和落实。对中央企业的问卷调查研究发现：在企业集团层面，中央企业科技成果转化制度建设总体上处于起步阶段，不同企业集团之间制度建设存在显著差异性。而地方政策法规建设的发展趋势紧跟中央法规建设的发展趋势，没有表现出明显的东西或南北区域差异。省级地方法规在国有企业科技成果转化的科研人员激励、负责人免责制度、企业考核制度等方面都进行了推进，甚至在权益下放和科研人员离岗创业上进行了探索。

在此基础之上，本章从国有资产管理视角出发，对国有企业科技成果转化的制度困境与对策进行了研究。基于国有企业科技成果转化与国有资产管理的对应关系，为推动国有企业科技成果转化，需要在权益处置、资产评估、人才激励、转化考核、容错机制五个方面进行制度上的完善。一是明确国有企业科技成果转化的权益处置问题，二是优化国有企业科技成果转化的资产评估，三是落实国有企业成果转化的人才激励措施，四是实现对科技成果的转化考核进行分类管理，五是完善科技成果转化容错机制。为国有企业科技成果转化制度的完善提供了新的思考视角和参考依据。

# 第6章

## 国有企业科技成果转化的技术管理创新研究

通过对国有企业科技成果转化的问卷调查可以发现，技术成熟度不高是阻碍国有企业科技成果转化的重要因素之一。华润集团有限公司、国家电力投资集团公司、中国中煤能源集团有限公司（以下简称中煤集团）、中国铝业集团有限公司、中国能源建设股份有限公司、中国信息通信科技集团有限公司、中国盐业集团有限公司等大型中央企业都曾提到科技成果本身的某些特质成为转移转化的制约因素。对中煤集团的调查显示，科技成果从研发到转化实施周期较长，中试阶段的科技成果因为技术成熟度不高，市场接受度低。企业多数倾向于成熟度高的科技成果和标杆项目的应用。中国航天科技集团有限公司提出，大部分军工科技成果的应用范围较窄，技术成熟度不足，难以直接推广应用，在民用市场上的应用很少，需要大量的二次开发。但一般军工企业在技术二次开发方面，尤其是商业运作方面投入不足，缺乏相关的经验，导致不敢擅自进行大规模投资，在一定程度上影响了国防科技成果的转化应用。因此，基于技术成熟度对科技成果进行优化管理，对于国有企业科技成果的应用实施意义重大。

研究我国其他技术供给方科技成果转化中的技术成熟度与转化模式的典型优秀案例，能够为国有企业科技成果转化模式的选择提供方法和实践上的支撑，为国有企业科技成果的管理与转化工作提供参考和借鉴。技术成熟度决定着科技成果转化的风险系数，甚至影响到科技成果转化主体之间是否能达成合作。理论上，技术成熟度也可以为项目的优化管理提供理论和实践支撑。实践背景上，技术成熟度不高成为制约我国国有企业科技成果转化的重要因素。技术供给方可以基于技术成熟度优选可转化的科技成果，并根据科技成果的技术成熟度的不同对其转化模式进行筛选，有效促进科学技术成果与市场之间的对接，加速国有企业科技成果转化的进行。因而，研究技术成熟度和科技成果转化模式的关系，实现国有企业技术管理创新具有重要意义。

## 6.1 技术成熟度与科技成果转化模式

### 6.1.1 技术成熟度

技术成熟度，是指技术相对于某个具体系统或项目而言所处的发展状态，它反映了技术对于项目预期目标的满足程度（杨良选，2011）。技术成熟度等级（Technology Readiness Level，TRL），也可称为技术完备等级，是对技术成熟程度进行度量和评测的一种标准（吴燕生，2012）。作为当前主要的技术成熟度评估方法，TRL源于20世纪70年代美国国家航空航天局（NASA），并首先应用于航空航天领域来应对复杂系统的技术风险。1995年，美国国家航空航天局发布技术成熟度白皮书，将技术成熟度分为9个等级，并正式纳入美国国家航空航天局管理指南（NMI7100）。2003年，美国国防部发布了国防部技术成熟度评价指南，并于2005年、2009年和2011年进行了更新。2002年，英国国防部开始采用TRL进行技术评价。此后，TRL广泛应用于各国国防装备项目的风险评估与管理等相关领域。

实践层面，美国国家航空航天局、美国国防部及欧洲航天局分别有自己的TRL定义，且有稍许不同。其中，美国国防部对TRL的定义是比较通用的技术成熟度标准，其具体等级划分如表6.1所示。其中美国审计总署认为技术研发活动中各项关键技术的技术成熟度达到 TRL7，也就是原型系统与其他支撑系统进行集成后在使用环境下验证通过，才能保证在重大设施建设中的成本和风险控制（程文渊 等，2015）。理论研究中，我国对于技术成熟度的研究主要集中于国防装备领域，且关注焦点是对技术成熟度评估体系的完善（聂小云 等，2018；周小林，2017；熊若晨，2018）。卜广志（2011）建立了武器装备体系的技术成熟度评估方法，为项目管理工作提供有效支撑。周小林等（2017）研究发现 TRL 对重大共性关键技术和应用示范类的国家科技计划项目评估具有适用性，可以在项目管理决策、质量控制、风险防控等方面发挥重要作用。马宽和王崑声（2017）结合科技工程特点提出广义的技术成熟度评价模型，实现对关键技术成熟度更为全面和准确的评价。程文渊等（2017）对美国重大武器系统采办项目的研究结果表明，我国要统筹考虑技术成熟度评价与进度评估、费用估算的关系，进一步揭示了 TRL 在科技项目管理中的重要应用。

表 6.1 技术成熟度等级及其定义

| TRL | 定义 |
| --- | --- |
| 1 | Basic principles observed and reported<br>观察到并报道了与该项技术有关的基本原理 |
| 2 | Technology concept and/or application formulated<br>形成了技术概念或应用设想 |
| 3 | Analytical and experimental critical function and/or characteristic proof-of-concept<br>通过分析和实验的手段进行了关键性功能验证或概念验证 |
| 4 | Component and/or breadboard functional verification in laboratory environment<br>在实验室环境中对部件或者试验板进行了验证 |
| 5 | Component and/or breadboard critical function verification in relevant environment<br>在相应的环境中对部件或者试验板进行了验证 |
| 6 | System/subsystem model or prototype demonstration in a relevant environment<br>在相应的环境中进行了系统/分系统模型或者原型演示 |
| 7 | System prototype demonstration in an operational environment<br>在使用环境中进行了系统原型演示 |
| 8 | Actual system completed and qualified through test and demonstration<br>通过测试和演示完成并认证了实际系统 |

续表

| TRL | 定义 |
|---|---|
| 9 | Actual system proven through successful mission operations<br>通过成功的任务操作证明了实际系统 |

## 6.1.2 科技成果转化模式

《促转法》提出，科技成果转化是指为提高生产力水平而对科技成果所进行的后续试验、开发、应用、推广直至形成新技术、新工艺、新材料、新产品，发展新产业等活动。学者们对科技成果转化内涵的理解虽略有区别，但对我国实施科技成果转化的目的理解基本一致，即我国大力推动科技成果转化就是要把科学技术转化为现实生产力（戚湧 等，2015；邢晓昭 等，2018）。我国科技成果转化模式按实施方式的不同大致可分为直接实施、合作实施和成果转让实施（胡罡 等，2014）。我国科技成果转化最主要的三种模式是技术许可、技术转让和技术入股（常旭华 等，2018）。在实际的科技成果转化过程中，由于诉求和目标的不同，高校、科研院所与企业的对接中存在诸多问题，这些问题阻碍了我国科技成果转化工作的进行。徐洁（2018）认为我国科技成果转化存在制度障碍，应当进一步完善科技成果转化的法律机制；吴寿仁（2018）提出产学研结合的机制问题是科技成果转化难的根本原因。此外，我国科技成果转化还存在其他问题，如平台功能无法满足需要、中试环节缺失等。研究表明，合适的转化模式能显著促进科技成果的落地实施。戚湧等（2015）提出委托代理的科技成果转化模型并进行科技成果市场化分析，认为发挥市场的主导作用，通过市场依托科技中介服务机构能够更好地促进科技成果转化。胡罡（2014）分析了中山大学和地方政府联合共建研究院的科技成果转化模式，该模式在成果转化、服务企业、推动产业发展等方面都取得了较好效果。由此看出，科技成果转化工作的推动需要合适的转化模式。

## 6.2 研究设计

### 6.2.1 方法和案例选择

20世纪90年代，美国在大量武器和航天项目研制中出现了经费严重超支、研制工期延误、性能指标降低等问题。研究发现，其主要原因在于一部分关键技术尚未成熟，过早转入工程研制阶段。为此，相关部门提出了技术成熟度等级（TRL）这一概念，以实现对关键技术的成熟程度和水平进行评价，要求关键技术必须达到一定成熟度要求才能进入下一个发展阶段，从而达到了节约项目成本和控制项目风险的目的（吴燕生，2012）。技术成熟度低的科技成果难以明确技术可行性、市场前景、经济价值和投资需求等（沈慧君，2019），会阻碍企业和科研单位之间达成科技成果转化合作。据此，研究科技成果的技术成熟度和转化之间的关系显得十分必要。中国科学院宁波材料技术与工程研究所（以下简称宁波材料所），基于科技成果的技术成熟度进行成果转化模式的管理优化，在科技成果转化工作方面取得重大突破，有效促进了科研单位和企业之间的技术合作，为我国技术供给方科技成果转化工作的推进提供了有益的参考和借鉴，具有理论研究价值与实践意义。

本书旨在探讨技术供给方在科技成果转化过程中基于科技成果的技术成熟度选择不同转化模式，属于"Why"和"How"的范畴，适合使用案例研究（Yin，2010）。在科技成果转化过程中，技术供给方如何基于成果的技术成熟度对转化模式进行策略方面的选择，需要对有相关经验的研究对象进行深入了解和分析；同时，基于技术成熟度对成果转化模式进行优选从而促进科技成果转化的做法本身具有独特性，因此本书选择单案例研究。

根据理论抽样标准，考虑案例选择的典型性、影响力和可推广性，本书选择宁波材料所作为样本单位。一方面，宁波材料所建所以来，科技成果转化取得显著成效，是浙江省国家科技成果转移转化示范区的首批示范机构之一,其科技成果转化工作被新华网、科学网、人民网等多次报道,属于具有地区乃至全国影响力的典型案例。另一方面,宁波材料所通过不断实践和经验积累,形成了基于技术成熟度的科技成果产业化发展模式,具有可推广性和可复制性,能为其他技术供给方的科技成果转化工作提供启发和思路。

### 6.2.2 数据搜集和分析

为了保证研究质量,本书严格依据"三角验证"的原则,从多渠道收集数据,如表6.2所示。需要特别指出的是,本书的研究团队曾多次前往宁波材料所实地调研,就其科技成果转化工作情况和相关经验进行交流学习,由此形成的录音、笔记材料和相关汇报文件为本书提供了宝贵的一手资料。此外,宁波材料所于2019年在建所15周年之际对其15年来的科技成果转化工作进行了内部专刊报道,形成了《中科院宁波材料所15年成果转化知行录》,该刊物为本书提供了宝贵的二手资料。

表6.2 数据收集方式

| 数据类型 | 数据来源 | 获取方法 |
| --- | --- | --- |
| 一手资料 | 内部调查人 | 多次实地调研,访谈其科技成果转化工作和相关经验 |
| | 外部调查人 | 实地调研与宁波材料所有密切联系的其他科研院所 |
| | 其他 | 与宁波材料所技术转移部的职员进行多次交流 |
| 二手资料 | 文档资料 | 查询网站、内部刊物、公开报道、相关文献资料等 |

### 6.2.3 案例基本信息描述

宁波材料所成立于2004年,由中国科学院、浙江省人民政府、宁波市人民政府三方共建。宁波材料所建设之初就是为了加快国家和区域创新体系建设,发挥中国科学院的科技支撑引领作用,满足长三角地区经济迅猛发展和转型升级的迫切需求。宁波材料所一直把"致力于科技创新,引领产业发展"作为宗旨,定位于"把科技转化为生产力",聚焦于科技成果的转移转化,以制造业和材料产业的发展需求为导向,以材料科技进步为牵引,瞄准世界前沿,面向全国需求,立足宁波、服务浙江、辐射长三角。通过多年的探索与实践,随着一项项重大成果走向市场,宁波材料所架起了高科技到产业化的桥梁,打通了科技到产业的通道,通过"人才培养—科技创新—成果转化—产业发展"的高效融通推动自身成为引领浙江省大湾区、服务长三角产业发展不可替代的技术辐射中心,为服务国家战略需求和引领区域经济发展持续提供系统性创新科研成果和高水平人才支撑,也摸索出一套可促进我国科技成果转化的合作模式。

2009年4月22日,宁波材料所获得首项发明专利授权——一种溶剂响应型智能表面的制备方法。2009年10月28日,宁波材料所首个重大科研成果转移转化,宁波材料所与合肥圆融新材料有限公司在安徽合肥签订合作协议,双方将合作成立项目公司,把宁波材料所研发成功的绿色聚丙烯发泡材料技术进行产业化,宁波材料所除获得400万元的技术入门费外,同时以技术入股的方式在注册资本为1500万元的新公司中占有23%的股份,这是宁波材料所成立后第一个成功转化并产业化的重大科研项目。2010年3月26日,宁波材料所与宁波八益实业有限公司签署生物基无醛木材胶黏剂技术项目产业化协议。这是宁波材料所签署的第一个落户宁波的产业化项目。2012年4月11日,宁波材料所石墨烯产业化项目签约,这是宁波材料所科技成果转化中首个过亿的项目。2014年8月8日,宁波材料所就固体氧化物燃料电池技术与联想之星签署合作协议,携手推进固体氧化物燃料电池项目产业化,实现技术转移。

成立以来,宁波材料所承担了一批国家和中科院重大任务,在固体氧化物燃料电池、碳纤维及其复合材料、石墨烯、海洋材料等方面产出了一批重大成果,并与地方和企业开展了多元合作,创立了一套行之有效的合作模式,初步打通成果转化通道。截至2020年,宁波材料所与国内700多家企业和全球60多个知名机构开展了广泛合作,实现了金刚石、大豆胶、石墨烯等40余项重大科技成果产业化。宁波材料所在探索科技成果转化的过程中,也曾遇到过技术成果、合作伙伴、运营管理、市场开拓、政策影响等各类因素导致的成果转化失败的案例,但技术成熟度不足导致后续成果转化不顺利是主要原因。因此,宁波材料所在后续开展科技成果转化的过程中,始终坚持"技术成熟后再转化"的原则,对科技成果进行技术成熟度评估后选择成果转化模式,其后开展科技成果的合作转化,宁波材料所的经验证明该模式能明显促进科技成果的尽快落地。

## 6.3 案例分析

为了控制成本和风险,美国审计总署在重大设施建设中要求技术研发活动中各项关键技术的技术成熟度达到 TRL7(程文渊 等,2015)。此外,技术成熟度达到 TRL5 以上是具备应用价值的基础,可以进入科技成果转化过程。基于上述原则,对技术成熟度处于 TRL5 以下的科技成果需要在实验室里进一步培育,宁波材料所一般对该等级的科技成果会进一步培育再进行对外转化。技术成熟度达到 TRL9 的科技成果,说明技术已经实现了实际应用,在技术许可、技术转让和技术入股等各种转化模式之间可根据技术特点和合作双方需求进行自由选择。针对我国科技成果转化中技术成熟不高、成果转化率低的现状,本章以宁波材料所的科技成果转化工作为例,重点分析对于技术成熟度处于 TRL5~TRL8 的科技成果如何进行转化模式的选择,从而促进科研机构的科技成果尽快落地实施。为此,本章根据技术成熟度等级对科技成果转化的影响把科技成果划分为技术成熟度完备、高技术成熟度、中技术成熟度、低技术成熟度四个层次,不同技术成熟度对应的科技成果特点具体如表6.3所示。其中,处于高技术成熟度(TRL7~TRL8)、中技术成熟度(TRL5~TRL6)的科技成果转化模式选择是本书研究的中心内容。

表 6.3 不同技术成熟度的科技成果特点

| 技术成熟度等级 | 科技成果特点 | 对科技成果转化的影响 |
| --- | --- | --- |
| TRL9(技术成熟度完备) | 达到实际应用标准 | 技术成熟度不再影响转化 |
| TRL7~TRL8(高技术成熟度) | 达到应用价值标准 | 技术成熟度对成果转化影响深刻 |
| TRL5~TRL6(中技术成熟度) | 达到应用价值标准 | 技术成熟度对成果转化影响深刻 |
| TRL1~TRL4(低技术成熟度) | 没达到应用价值标准 | 继续在实验室培育,成熟后再转化 |

### 6.3.1 高技术成熟度的科技成果转化模式

技术成熟度处于 TRL7~TRL8 的科技成果，已经在实际的环境中完成了模型演示，属于成熟度较高的技术。针对该级别的科技成果，宁波材料所从早期单一的技术许可、技术转让和技术入股转化模式探索出"现金+股权""技术授权""合作开发"和"企业培育"模式。在具体的转化项目中，可根据合作双方的实际需求和转化模式的特点进一步匹配。多样化的科技成果转化模式增加了科技成果转化双方的合作意愿。

#### 6.3.1.1 "现金+股权"模式

"现金+股权"模式是指合作双方经过交流与评估，对认可的技术进行深度绑定，共同成立新企业，进行产业化运作。该模式需要合作双方相互信任，对科技成果产业化前景看好，是科技成果转化合作双方进行利益深度捆绑的一种模式。利益深度捆绑的机制使得合作双方的人员激励作用放大，因而该模式能迅速推进科技成果的落地实施。在宁波材料所的重大成果转化项目中，"现金+股权"模式的案例数量最多。宁波材料所将技术产生的知识产权作为无形资产出资入股，并进行后续的技术开发，提供技术支撑工作。合作企业提供市场经营、技术应用等资源，每年提供一定的研发投入，做好经营团队、产品定型和市场定位等工作。

氧化锌靶材产业化项目是其中的代表。宁波材料所光伏共性技术团队开发出高性能磁控溅射靶材技术，宁波材料所与投资方对该技术的应用和市场前景一致认可，双方共同注册成立产业化公司。宁波材料所把该项技术作价入股，并投入科研团队进行后续技术开发。投资方提供资金支持和维护公司运营，持续给予科研团队研发经费用于支撑公司产品技术改进，最终实现成果顺利转化实施。

#### 6.3.1.2 "技术授权"模式

"技术授权"模式是指技术供给方以专利实施许可或转让方式与企业合作，通过约定每年的许可费及转让费等方式实现收益。该模式要求技术接收企业本身有很强的技术承接能力，从而降低企业在技术研发前期的资金投入与风险。该模式同时避免了科研单位因技术入股产生的一系列国有资产管理问题，能快速地将技术转化到市场。与"现金+股权"模式相比，科研单位在"技术授权"模式中进行科技成果转化时，主导权和激励机制有所降低，同时对企业的技术承接能力提出了更高的要求。

宁波材料所与上海晨鑫电炉有限公司的合作是这种模式的一个典型代表。上海晨鑫电炉有限公司在与宁波材料所交流中看好其功能碳素材料团队在真空装备及化学气相沉积涂层材料方面的技术并展开合作。宁波材料所通过技术开发费及后期产品销售提成的模式，将技术成果授权上海晨鑫电炉有限公司使用。合作后，该技术产业化进展顺利。

#### 6.3.1.3 "合作开发"模式

"合作开发"模式是指双方先展开合作对技术进一步开发，再进行技术的转化。该模式的典型特征在于合作企业可以根据自身需求定制成果，与有相关技术背景的科研团队展开合作。当企业需要一项新技术但缺乏相关技术背景时，"合作开发"模式能减少企业的前期投入与预期风险；对于科研单位来讲，该模式能在一定程度上缓解科研人员因项目失败带来的压力。合作企业基于科研团队的研发技术背景，围绕自身需求定制成果。科研团队负责技术成果的完善和后续研发，使科技成果在技术上不断成熟；合作企业利用自身的工艺、生产、市场营销优势助力科研团队完善技术、开拓市场，以此获得该成果的转化权。

宁波材料所与江西铜业集团有限公司的合作是"合作开发"模式的典型代表。江西铜业集团有限公司看好宁波材料所的石墨铜复合材料技术并展开合作。双方协议，前期以合作开发为主，研究团队继续技术的工程化开发，企业进行市场开拓。明确市场方向后，双方按照前期协议成立公司进行技术成果产业化。

#### 6.3.1.4 "企业培育"模式

"企业培育"模式鼓励科研人员在一定阶段（2~3年）以产品为导向，

以科技熟化为目标，带着科研成果孵化创业，借助科研单位的科技资源优势和市场倒逼机制，在短时间内使科技成果转化为具有商业化前景或盈利模式明确的产品。该模式是在科技成果转化项目初期科研人员以技术成熟化为目标的一种创业模式。在我国的双创背景下，随着科研人员自主创业和离岗创业等相关支持政策及配套设施不断完善，"企业培育"模式为科技成果的落地实施提供了一种拉近技术与市场的更好选择。

宁波材料所康复与辅助机器人团队参与的神经康复机器人工程是其中的典型代表。2015 年，该科研团队引入天使基金，以技术成熟化为目标，与深圳黑天鹅医疗健康合伙企业共建神经康复机器人技术创新与产业化平台，并成立新公司实施康复机器人产业化工作，科研团队负责人担任公司法人代表和执行董事，继续出资委托科研团队开展技术研发。

高技术成熟度的科技成果所对应的转化模式、基本特征及优点如表 6.4 所示。

表 6.4 高技术成熟度的科技成果转化模式、基本特征及优点总结

| 转化模式 | 基本特征 | 模式优点 |
| --- | --- | --- |
| 现金+股权 | 技术供给方以技术入股成立新公司，并进行后续的技术研发；合作方负责资金支持与新企业的管理运营 | 利益深度捆绑的机制放大了合作双方的人员激励作用 |
| 技术授权 | 科研单位以专利实施许可或转让方式与企业合作，通过合同约定每年的许可费及转让费和涉及的项目资金总额 | 降低企业研发前期的投入与风险；科研单位避免技术入股产生的国有资产管理问题 |
| 合作开发 | 双方对技术先开发再转化。科研团队负责成果完善和后续研发；合作企业利用自身优势助力研究并获得转化权 | 对企业而言，减少前期投入与风险，根据需求定制成果；对科研人员而言，可缓解因项目失败而带来的压力 |
| 企业培育 | 科研人员以产品为导向，以科技熟化为目标，带着科研成果孵化创业，短时间内使科技成果转化为具有商业化前景或盈利模式明确的产品 | 科研人员自主创业和离岗创业等相关支持政策及配套设施不断完善；突破现有技术和市场的边界 |

## 6.3.2 中技术成熟度的科技成果转化模式

技术成熟度处于 TRL5~TRL6 的科技成果，只是在模拟的环境中完成了模

型演示，还没有在实际的环境中进行模型演示，属于成熟度不高的技术，对这类科技成果应当进一步培育成熟再进行转化。对于技术成熟度为TRL5~TRL6的科技成果，宁波材料所的做法是通过优化社会资源，尽早引入社会资金，根据不同的情况需求合作，借此加快技术的培育过程。为此，宁波材料所结合技术特点和企业实际情况创建了"战略合作""共建工程中心""共同开发"等模式。

#### 6.3.2.1 "战略合作"模式

"战略合作"模式主要针对行业领军企业。行业领军企业最关注的是行业共性技术解决方案及未来可能应用的前沿技术储备。该模式面向行业领军企业和科研单位的合作，主要用来解决行业共性技术以及前沿技术的储备等关键技术问题，需要多个科研单位和企业进行长时间的跟踪合作，对科研单位的创新能力有很高的要求。

宁波材料所对此的科技成果转化合作策略主要是与行业领军企业结为战略合作伙伴，共建创新平台，开展长期和超前的技术储备研究。

#### 6.3.2.2 "共建工程中心"模式

"共建工程中心"模式主要针对科研单位与地方中小企业的合作。该模式面向创新能力不足的中小企业，可以有效弥补中小企业创新资源不足的缺点，降低中小企业的研发成本，加速孵化科研单位已有的科技成果，促进科技成果的成熟和市场化应用。同时，该模式能有效促进地方高校和科研院所服务区域经济和地方发展。

宁波材料所一般采取共建技术中心（工程中心）的形式，双方基于这一技术中心平台，开展技术咨询、人才培养、工程放大、成果孵化等合作。浙江省民营企业众多，其中大部分为中小企业，这些民营企业虽然规模不大，研发能力不强，但运作模式灵活，企业家对市场需求的判断比较敏锐，对高新技术渴求比较高，希望通过与高校及科研院所合作，实现技术研发、人才培养等多方面的提升。

#### 6.3.2.3 "共同开发"模式

"共同开发"模式是宁波材料所依据企业的具体技术需求，接受企业委托技术攻关，帮助企业解决技术难题的一种科技成果转化模式。该模式的特点在于技术合作双方通过签署具体的委托开发或技术开发协议来解决企业的具体技术需求，在相关技术成熟后进一步推进技术成果的产业化。该模式能有效应对我国当今实验室技术与市场需求脱轨的现状，推进实验室科技成果的培育，同时与产业需求实现良好的对接。

如前所述，宁波材料所与全国超过700家企业签署了具体的委托开发或技术开发协议，解决企业提出的具体技术难题。这些技术难题一部分是对企业现有产品进行改进，另一部分则是帮助企业研制新产品。项目合作成功后，会进一步进行工程放大，技术成熟后可实行成果导入，进一步推进科技成果的产业化。

技术成熟度处于中等的科技成果所对应的转化模式、基本特征及优点如表6.5所示。

表6.5 中技术成熟度的转化模式、基本特征及优点总结

| 转化模式 | 基本特征 | 模式优点 |
| --- | --- | --- |
| 战略合作 | 面向行业领军企业和科研单位的合作，主要用来解决行业共性技术以及前沿技术的储备等关键技术问题 | 科研单位和企业能进行长时间的跟踪合作，开展长期和超前的技术储备 |
| 共建工程中心 | 针对与地方中小企业的合作，双方基于"共建中心平台"，开展技术咨询、人才培养、工程放大、成果孵化等合作 | 弥补中小企业创新资源不足的缺点，降低研发成本；加速科研单位成果孵化，服务地方经济 |
| 共同开发 | 依据企业的具体技术需求，接受企业委托的技术攻关，帮助企业解决技术难题 | 解决实验室技术与市场需求脱轨问题，推进实验室成果的培育 |

### 6.3.3 低技术成熟度的科技成果转化模式

值得注意的是，技术成熟度处于TRL5以下（主要是TRL4）的科技成果，也有适合的科技成果转化模式，可以实现技术需求与供给的超前对接。宁波

材料所对处于该技术成熟度等级的科技成果一般实行"先培育成熟，后向外转化"的原则，因此缺少该等级科技成果直接向外转化的相关实践。基于此，该等级的科技成果转化模式可以借鉴外部优秀经验。

低技术程度的科技成果尚不具备应用价值，风险和不确定性是转移转化的主要制约因素。对此，可以通过风险预测与方案验证的方式实现对科技成果转化可行性的评估。比如在美国高校率先兴起的概念验证中心模式（Proof-of-Concept Centers，POCCs），该模式以实现专利、创新想法的商业化为目标，通过提供种子资金、商业顾问、创业教育等服务对概念验证活动进行个性化的支持，为高校基础性科研成果转向可市场化的成果提供了有效支撑。概念验证中心模式的优势在于不仅有效减少了科技成果转化的风险和不确定性，实现了高校基础研究的前进方向与市场需求的无缝对接，也完善了科技成果转化链条前端的运行机制。

此外，我国公共基础设施领域中经常使用的政府和社会资本合作模式（Public-Private-Partnership，PPP），也可以应用于低技术成熟度的成果转化过程。以合作主体之间的深度绑定，降低科技成果转化的风险和不确定性。PPP模式可以帮助科研单位与企业之间形成"利益共享、风险共担、全程合作"的长期伙伴合作关系，提高了科技成果转化过程中社会资本的参与度，解决了技术成熟度低的科研成果融资困难和高风险的问题。

## 6.4 科技成果转化一般模式及管理流程

### 6.4.1 科技成果转化模型

根据科技成果转化要素和程序分析结果，构建科技成果转化模型如图6.1所示，模型覆盖建清单、选方式、定比例、做转化、兑奖酬、总结、评估与考核等主要流程，涉及科技成果权属、供需双方、转化方式、定价方式等要素，其中，科技成果权属、转化方式和定价方式属于模型核心参数。

第6章 国有企业科技成果转化的技术管理创新研究

```
                        ┌──────────┐
                        │  科技成果  │
                        └─────┬────┘
                              ↓
                        ╱───────────╲
                       ╱  使用权是    ╲
                      ╱   否变动       ╲
                       ╲              ╱
                    是   ╲───────────╱  否
            ┌─────────────┘         └─────────────┐
            ↓                                     ↓
    ┌───────────────┐                    ┌───────────────┐
    │①转让；         │                    │①自行投资；     │
    │②许可（独占）；  │                    │②许可（普通、排他）；│
    │③作价投资；     │                    │③合作实施       │
    │④合作实施       │                    └───────┬───────┘
    └───────┬───────┘                            │
            └─────────────┬──────────────────────┘
                          ↓
                    ╱───────────╲
                   ╱ 是否公开交易 ╲
                    ╲           ╱
                 是  ╲─────────╱ 否
            ┌────────┘       └────────┐
            ↓                         ↓
     ┌────────────┐            ┌──────────┐
     │ 技术市场交易 │            │ 协议定价  │
     │ ①挂牌；②拍卖│            └─────┬────┘
     └──────┬─────┘                  │
            └──────────┬─────────────┘
                       ↓
            ┌──────────────────┐
            │ 签订科技成果转化合同 │
            └─────────┬────────┘
                      ↓
            ┌──────────────────┐
            │ 实施科技成果转化，  │
            │ 取得转化收益       │
            └─────────┬────────┘
                      ↓
            ┌──────────────────┐
            │ 制定、审核、公示   │
            │ 成果转化激励方案，  │
            │ 批准后实施         │
            └─────────┬────────┘
                      ↓
              现金激励  ╱───────╲ 股权激励
            ┌─────────╱ 激励类型 ╲──────┐
            ↓         ╲─────────╱      ↓
  ┌──────────────────────┐    ┌──────────────────┐
  │①转让、许可，比例≥50%；  │    │作价投资，折算股份  │
  │②作价投资，折算出资比例≥50%；│    │比例≥50%          │
  │③自行投资、合作实施，比例≥5%│    └────────┬─────────┘
  └──────────┬───────────┘             │
             └────────────┬────────────┘
                          ↓
            ┌──────────────────────────┐
            │ 总结，提交科技成果转化年度总结 │
            └─────────────┬────────────┘
                          ↓
                    ┌──────────┐
                    │ 考核、评价 │
                    └──────────┘
```

左侧注释：根据《中华人民共和国企业国有资产法》《中华人民共和国资产评估法》等要求，依法评估、备案

右侧注释：在本单位公示科技成果名称和拟交易价格，明确公示时间

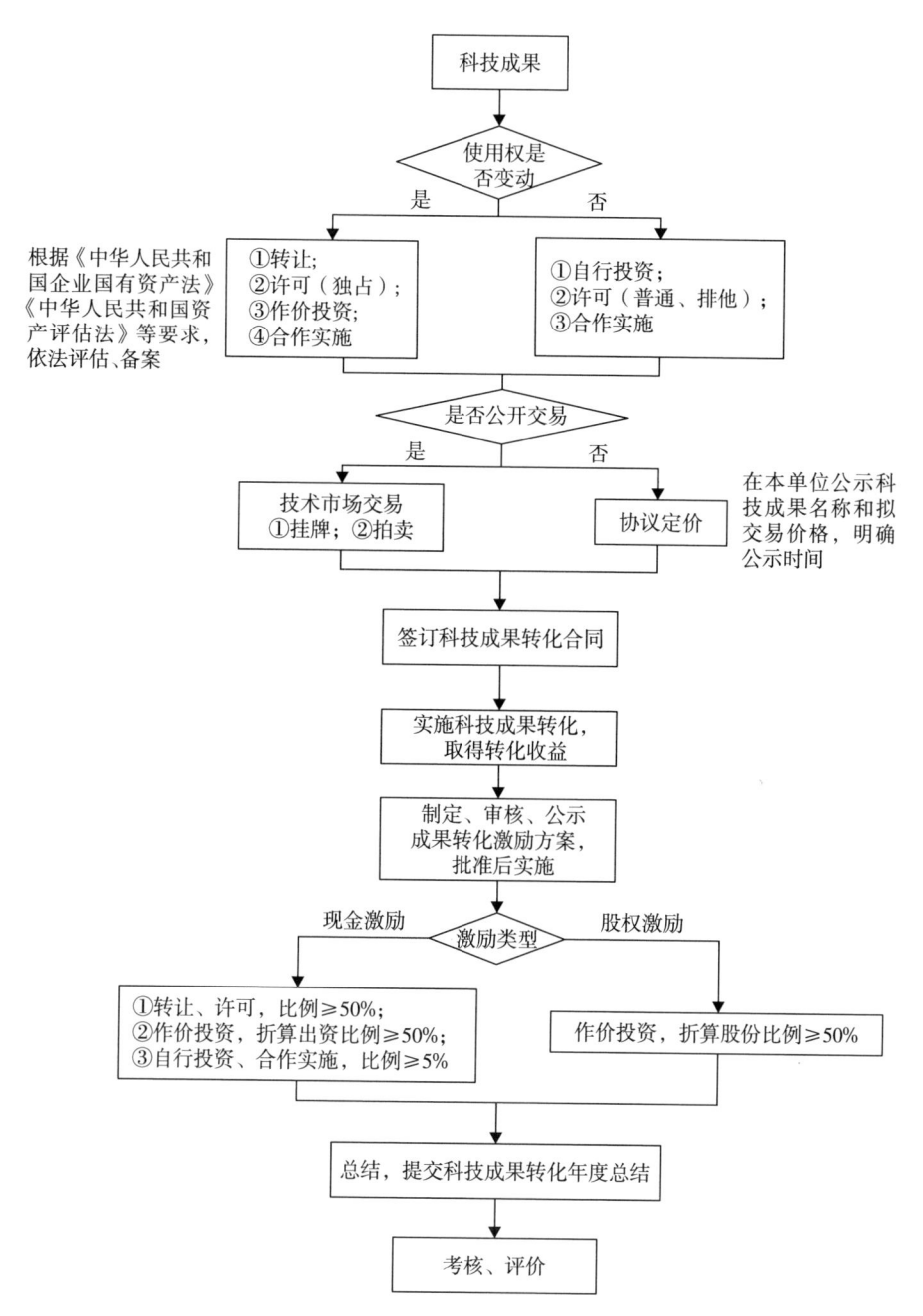

图6.1 科技成果转化模型

模型具体特性如下。

（1）技术类无形资产具有可复制性、收益性、权益法定等特征。在某种意义上，科技成果转化的过程也是科技成果相关权利变更的过程，国有企业实施科技成果转化，应组织专家开展前置审查，确认科技成果权属，评估技术成熟度及市场前景。

（2）以转让、独占许可、作价投资等方式实施科技成果转化的，科技成果供方不再拥有科技成果处置权，无法继续使用该科技成果并取得收益，需按《中华人民共和国企业国有资产法》（以下简称《企业国有资产法》）、《中华人民共和国资产评估法》（以下简称《资产评估法》）等法律法规要求评估科技成果，按照本企业国有资产监督管理相关规定备案；以自行投资、普通许可、排他许可方式实施成果转化的，科技成果供方继续拥有科技成果使用权、处置权、收益权，不需要资产评估。

（3）科技成果定价方式分为两类：一类是以公开的方式在技术交易市场挂牌交易、拍卖；另一类是以非公开的方式协议定价，并在本单位公示科技成果名称和拟交易价格，明确公示时间。

（4）科技成果转化激励一般包括申请、审查、公示、批复、奖励等程序。激励方式有两种：一是通过自行投资实施、转让、许可、合作实施、作价出资等方式获得现金收益的，对完成、转化科技成果做出重要贡献的人给予现金奖励；二是通过以作价出资等方式获得股权收益的，对完成、转化科技成果做出重要贡献的人给予股权奖励。

## 6.4.2　自行投资实施科技成果转化管理流程

自行投资实施转化是国有企业实施科技成果转化的一种主要形式，由科技成果持有企业自行投资实施科技成果转化，取得的收益全部归企业自己所有，科技成果持有人与转化人合一，不涉及科技成果权属变更。自行投资实施转化的流程主要包括遴选、合同签订、实施转化、奖励申请、审查、公示、批复、奖励、总结、评估考核等程序，如图6.2所示。

| 工作流程 | 各单位工作 | 主管部门工作 |
|---|---|---|
| 遴选 → 合同签订 → 实施转化 → 奖励申请 → 审查 → 公示 → 批复 → 奖励 → 总结 → 评估考核 | 建立科技成果转化清单 → 签订科技成果转化合同 → 实施科技成果转化 → 提出奖励申请 → 公示科技成果转化项目名称、奖励人员及奖励金额 → 依据批复文件发放奖励 → 总结科技成果转化实施情况 | 审查科技成果转化项目 → 批复科技成果转化项目奖励 → 评估和考核科技成果转化实施情况 |

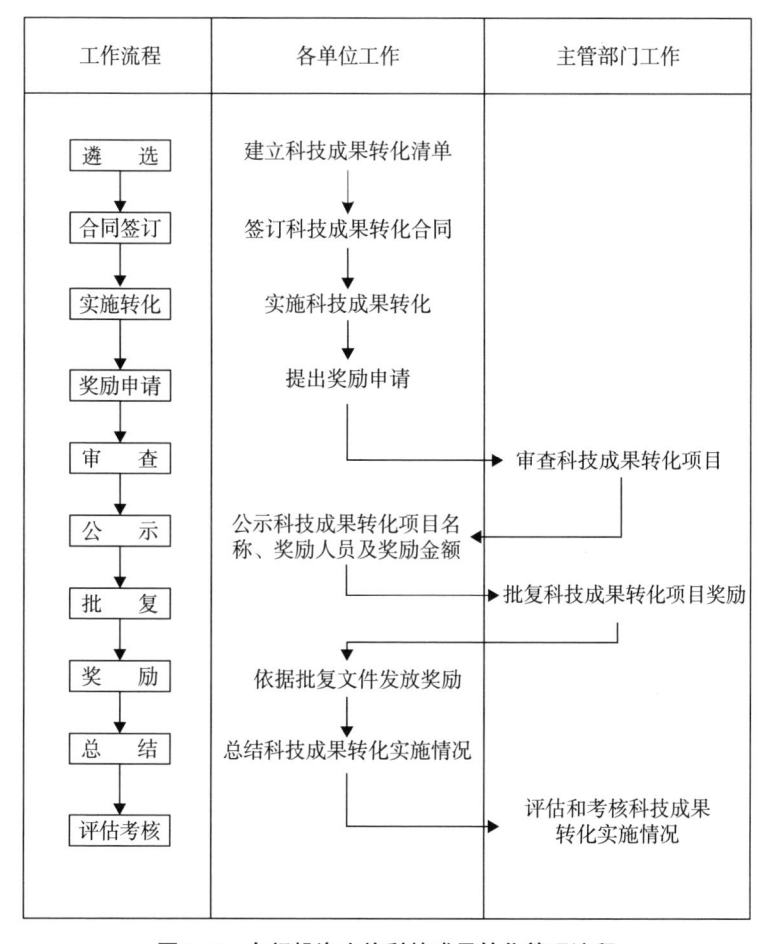

图 6.2 自行投资实施科技成果转化管理流程

## 6.4.3 转让科技成果管理流程

转让科技成果涉及科技成果处置权、使用权、收益权的权利主体变更，科技成果持有单位应按《企业国有资产法》《资产评估法》等法律法规要求，委托资产评估机构评估科技成果价值，提交《国有资产评估项目备案表》，备案表作为科技成果转让必备文件。单位签订转让合同，办理权属变更相关手续。依据转让价扣除转让过程相关税费和费用，核算转让净收入，对完成、转化科技成果做出重要贡献的人给予现金奖励。转让科技成果主要包括遴选、申报、审查（确认科技成果权属）、评估、备案、定价、转让、奖励申请、审查（科技成果转化项目）、公示、批复、奖励、总结、评估考核等程序，如图6.3所示。

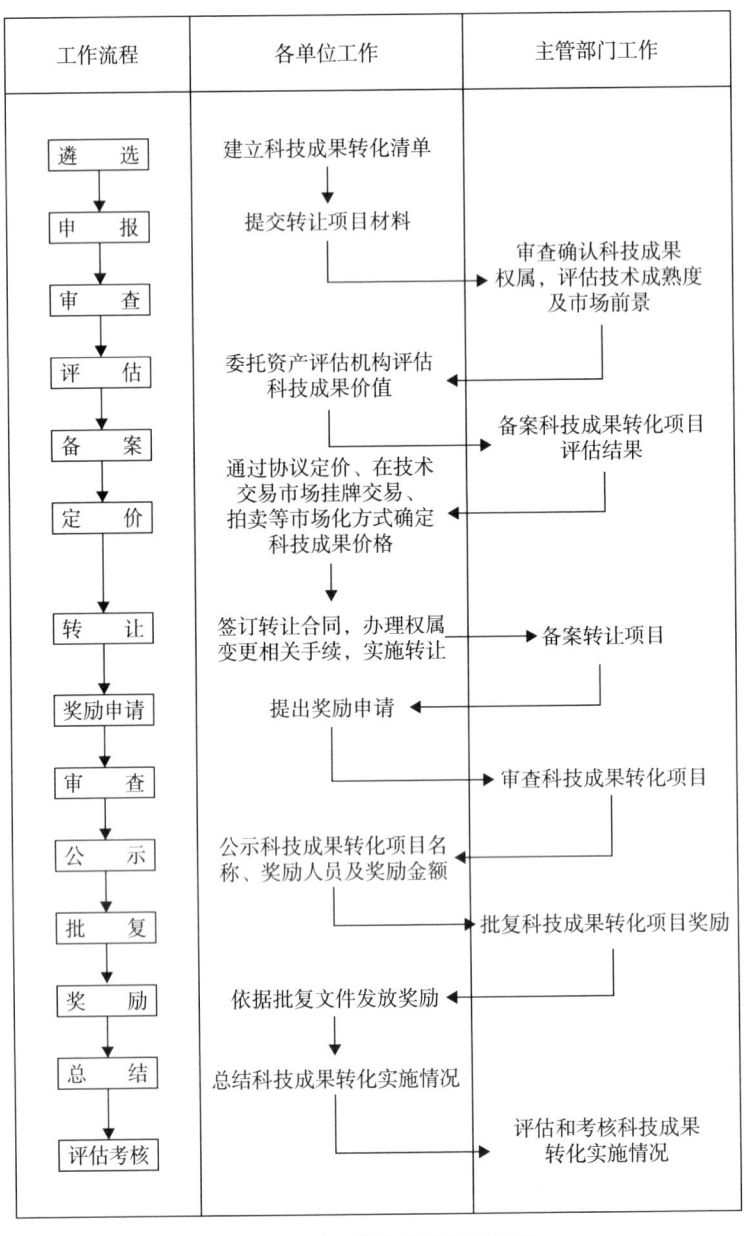

| 工作流程 | 各单位工作 | 主管部门工作 |
| --- | --- | --- |
| 遴选 | 建立科技成果转化清单 | |
| 申报 | 提交转让项目材料 | |
| 审查 | | 审查确认科技成果权属，评估技术成熟度及市场前景 |
| 评估 | 委托资产评估机构评估科技成果价值 | |
| 备案 | | 备案科技成果转化项目评估结果 |
| 定价 | 通过协议定价、在技术交易市场挂牌交易、拍卖等市场化方式确定科技成果价格 | |
| 转让 | 签订转让合同，办理权属变更相关手续，实施转让 | 备案转让项目 |
| 奖励申请 | 提出奖励申请 | |
| 审查 | | 审查科技成果转化项目 |
| 公示 | 公示科技成果转化项目名称、奖励人员及奖励金额 | |
| 批复 | | 批复科技成果转化项目奖励 |
| 奖励 | 依据批复文件发放奖励 | |
| 总结 | 总结科技成果转化实施情况 | |
| 评估考核 | | 评估和考核科技成果转化实施情况 |

图6.3 转让科技成果管理流程

### 6.4.4 许可科技成果管理流程

许可科技成果主要包括普通许可、排他许可、独占许可等。其中，独占许可较为特殊，即只有被许可人可以使用许可人的科技成果，其他人包括许可人本人均不得使用该科技成果，从实质上成果持有人丧失该科技成果的处置权、使用权和收益权。

许可科技成果涉及科技成果使用权、收益权的权利主体变更，科技成果持有单位应按《企业国有资产法》《资产评估法》等法律法规要求，委托资产评估机构评估科技成果价值，提交《国有资产评估项目备案表》，备案表作为科技成果许可必备文件。单位签订许可合同，办理权属变更相关手续。依据许可价扣除许可过程相关税费和费用，核算许可净收入，对完成、许可科技成果做出重要贡献的人给予现金奖励。许可科技成果主要包括：遴选、申报、审查（确认科技成果权属）、评估、备案、定价、许可、奖励申请、审查（科技成果转化项目）、公示、批复、奖励、总结、评估考核等程序，如图6.4所示。

### 6.4.5 与他人共同实施科技成果转化管理流程

与他人共同实施科技成果转化，方式灵活，依据协议确定科技成果使用权、收益权的权利主体。权利主体变更的，科技成果持有单位应按《企业国有资产法》《资产评估法》等法律法规要求，委托资产评估机构评估科技成果价值，提交《国有资产评估项目备案表》，备案表作为与他人共同实施科技成果转化的必备文件。单位与投资方/合作方签订科技成果转化合同，共同实施科技成果转化。以营业利润为基数，按照一定比例，对完成、许可科技成果做出重要贡献的人给予现金奖励。与他人共同实施科技成果转化主要包括遴选、申报、审查（确认科技成果权属）、评估、备案、定价、共同实施、奖励申请、审查（科技成果转化项目）、公示、批复、奖励、总结、评估考核等程序，如图6.5所示。

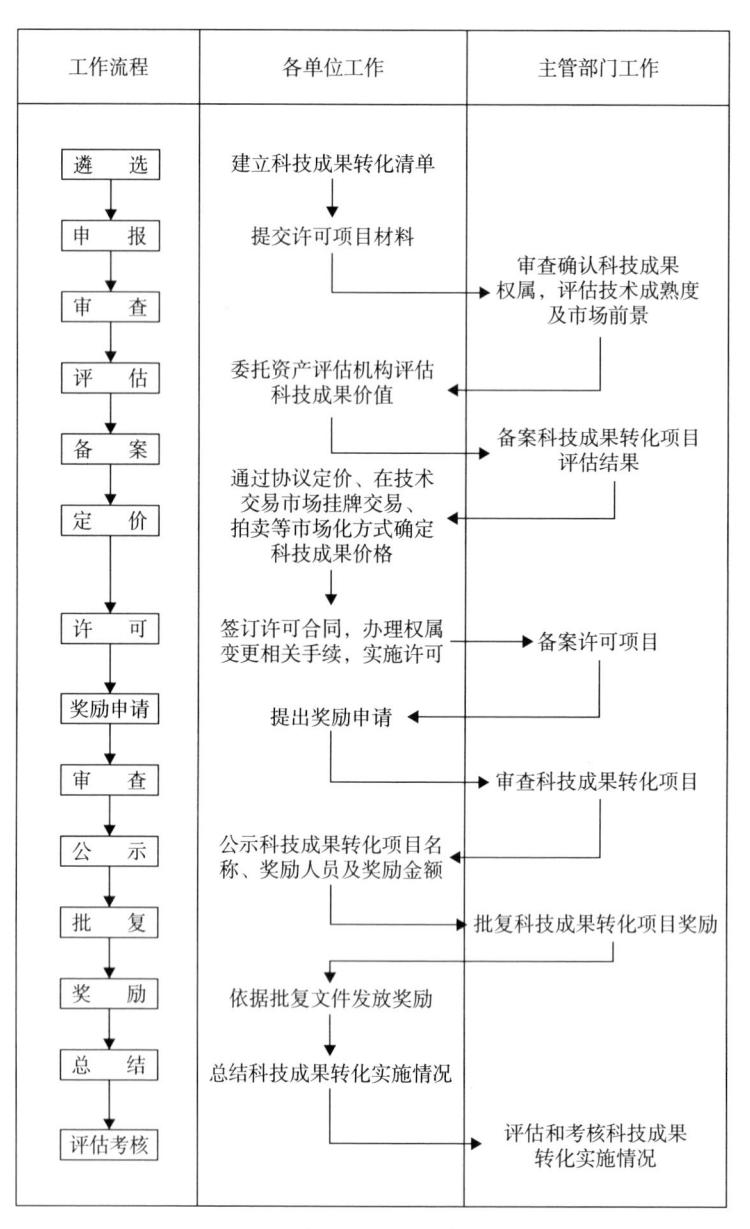

| 工作流程 | 各单位工作 | 主管部门工作 |
|---|---|---|
| 遴选 | 建立科技成果转化清单 | |
| 申报 | 提交许可项目材料 | |
| 审查 | | 审查确认科技成果权属，评估技术成熟度及市场前景 |
| 评估 | 委托资产评估机构评估科技成果价值 | |
| 备案 | | 备案科技成果转化项目评估结果 |
| 定价 | 通过协议定价、在技术交易市场挂牌交易、拍卖等市场化方式确定科技成果价格 | |
| 许可 | 签订许可合同，办理权属变更相关手续，实施许可 | 备案许可项目 |
| 奖励申请 | 提出奖励申请 | |
| 审查 | | 审查科技成果转化项目 |
| 公示 | 公示科技成果转化项目名称、奖励人员及奖励金额 | |
| 批复 | | 批复科技成果转化项目奖励 |
| 奖励 | 依据批复文件发放奖励 | |
| 总结 | 总结科技成果转化实施情况 | |
| 评估考核 | | 评估和考核科技成果转化实施情况 |

图 6.4 许可科技成果管理流程

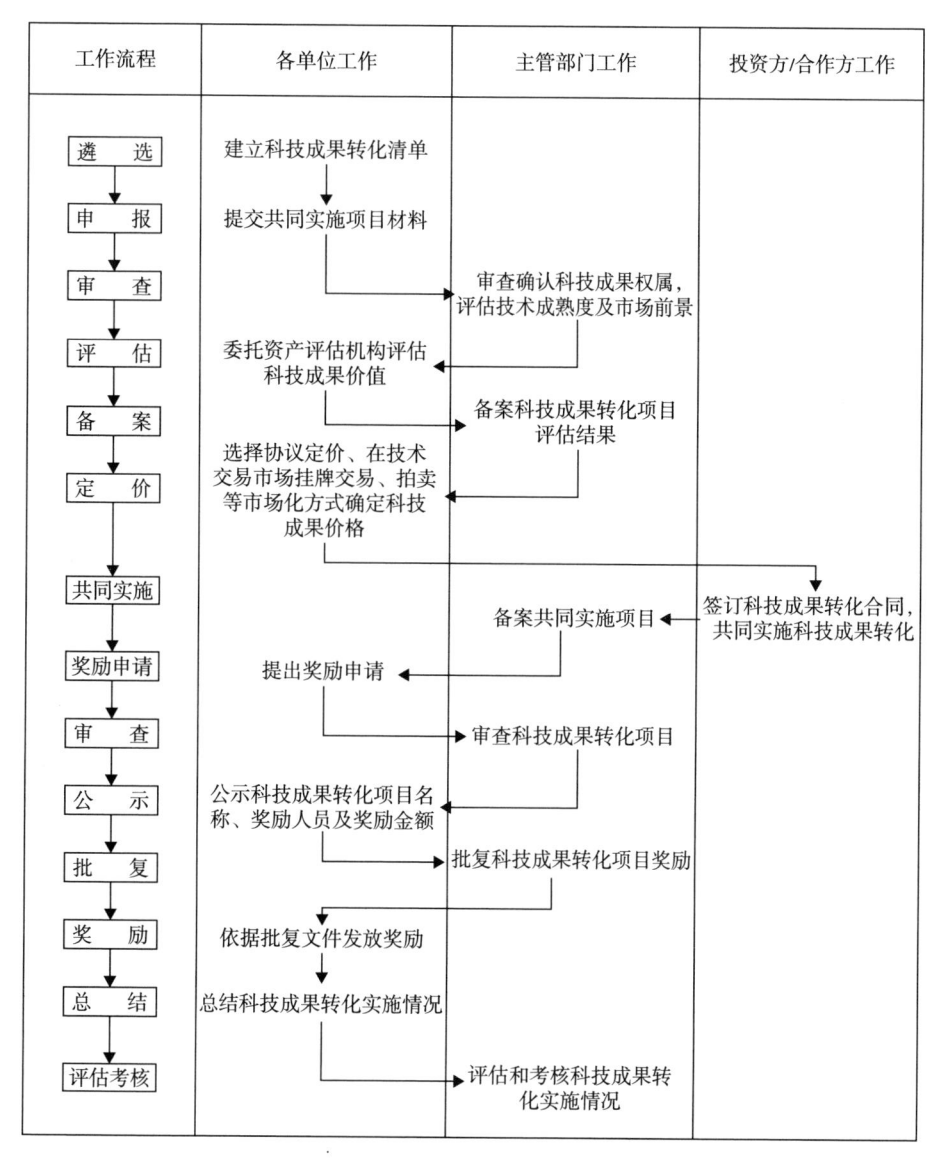

| 工作流程 | 各单位工作 | 主管部门工作 | 投资方/合作方工作 |
|---|---|---|---|
| 遴选 | 建立科技成果转化清单 | | |
| 申报 | 提交共同实施项目材料 | | |
| 审查 | | 审查确认科技成果权属，评估技术成熟度及市场前景 | |
| 评估 | 委托资产评估机构评估科技成果价值 | | |
| 备案 | | 备案科技成果转化项目评估结果 | |
| 定价 | 选择协议定价、在技术交易市场挂牌交易、拍卖等市场化方式确定科技成果价格 | | |
| 共同实施 | | 备案共同实施项目 | 签订科技成果转化合同，共同实施科技成果转化 |
| 奖励申请 | 提出奖励申请 | | |
| 审查 | | 审查科技成果转化项目 | |
| 公示 | 公示科技成果转化项目名称、奖励人员及奖励金额 | | |
| 批复 | | 批复科技成果转化项目奖励 | |
| 奖励 | 依据批复文件发放奖励 | | |
| 总结 | 总结科技成果转化实施情况 | | |
| 评估考核 | | 评估和考核科技成果转化实施情况 | |

图 6.5 与他人共同实施科技成果转化管理流程

## 6.4.6 作价投资实施科技成果转化管理流程

作价投资实施科技成果转化涉及科技成果处置权、使用权、收益权的权利主体变更，科技成果持有单位应按《企业国有资产法》《资产评估法》等法律法规要求，委托资产评估机构评估科技成果价值，提交《国有资产评估项目备案表》，备案表作为科技成果转让必备文件。单位与投资方/合作方签订科技成果转化合同和出资协议，办理权属变更相关手续，实施科技成果转化。从该项科技成果形成的股份或者出资比例中提取一定比例，对完成、转化科技成果做出重要贡献的人给予股权或现金奖励。作价投资实施科技成果转化主要包括遴选、申报、审查（确认科技成果权属）、评估、备案、定价、实施、奖励申请、审查（科技成果转化项目）、公示、批复、奖励、总结、评估考核等程序，如图6.6所示。

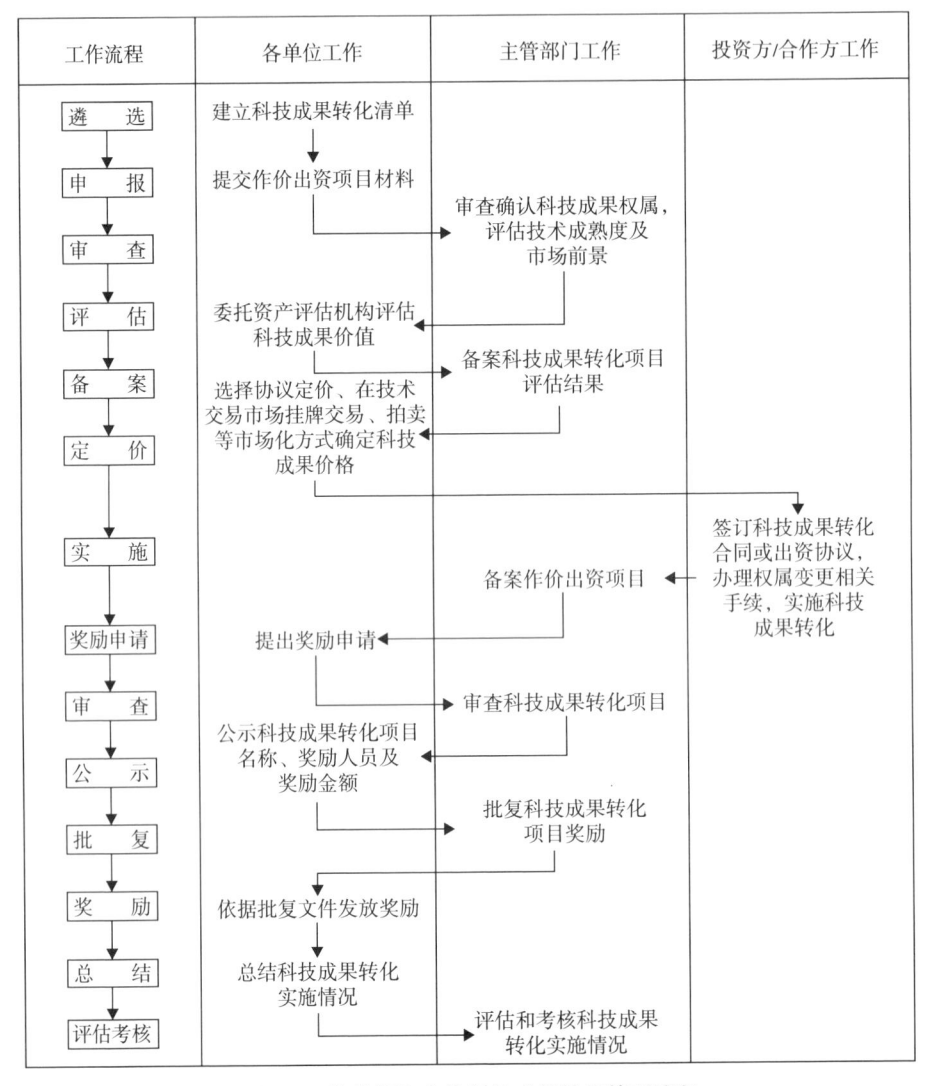

| 工作流程 | 各单位工作 | 主管部门工作 | 投资方/合作方工作 |
| --- | --- | --- | --- |
| 遴选 | 建立科技成果转化清单 | | |
| 申报 | 提交作价出资项目材料 | | |
| 审查 | | 审查确认科技成果权属，评估技术成熟度及市场前景 | |
| 评估 | 委托资产评估机构评估科技成果价值 | | |
| 备案 | | 备案科技成果转化项目评估结果 | |
| 定价 | 选择协议定价、在技术交易市场挂牌交易、拍卖等市场化方式确定科技成果价格 | | |
| 实施 | | | 签订科技成果转化合同或出资协议，办理权属变更相关手续，实施科技成果转化 |
| | | 备案作价出资项目 | |
| 奖励申请 | 提出奖励申请 | | |
| 审查 | | 审查科技成果转化项目 | |
| 公示 | 公示科技成果转化项目名称、奖励人员及奖励金额 | | |
| 批复 | | 批复科技成果转化项目奖励 | |
| 奖励 | 依据批复文件发放奖励 | | |
| 总结 | 总结科技成果转化实施情况 | | |
| 评估考核 | | 评估和考核科技成果转化实施情况 | |

图6.6 作价投资实施科技成果转化管理流程

## 6.5 结论与启示

### 6.5.1 研究结论

科技成果成功转化与转化模式的选择关系密切。以宁波材料所的科技成果转化模式管理为例,探究技术供给方科技成果转化时技术成熟度与转化模式的内在联系。研究表明,技术成熟度与科技成果转化模式之间的合适匹配能显著促进科技成果的成功转化。为提高科技成果转化效率,国有企业应基于技术成熟度对其科技成果转化模式进行优化管理,对于处于不同技术成熟度的科技成果,应该优先选择与之相适应的转化模式。

研究发现,科技成果在向外转化时,需要具有针对性的策略选择,其核心是要依据科技成果的技术成熟度选择合适的转化模式。首先,对科技成果的技术成熟度进行评估,考核其是否适合转化以及适合哪些转化模式;其次,结合技术特点和合作双方的现实情况对科技成果转化模式进行策略选择。具体而言,对于技术成熟度处于 TRL7~TRL8 的科技成果进行转化,可根据技术合作双方实际情况采取"现金+股权""技术授权""合作开发"和"企业培育"等转化模式;对于技术成熟度处于 TRL5~TRL6 的科技成果进行转化,可根据技术合作双方实际情况采取"战略合作""共建工程中心""共同开发"等模式;对于技术成熟度处于 TRL5 以下的科技成果,一般要继续进行培育,成熟后再考虑向外转化,也可借鉴 POCCs 模式、PPP 模式。

### 6.5.2 研究启示

作为技术供给方,推动科技成果走向市场的过程中,需要根据科技成果的技术成熟度对转化模式进行合理的决策。国有企业可根据科技成果技术成熟度的特点进行科技成果转化的管理优化,具体启示在于以下三个方面。

第一,技术成熟度高的科技成果可选择的转化模式范围更为广泛。对于技术成熟度高的科技成果,成果所有方可以较为自由地选择多种科技成果转化模式。可参考"现金+股权"模式、"技术授权"模式、"合作开发"模式、"企业培育"模式，合作双方可根据实际情况，进行合理决策。

第二，对于中技术成熟度的科技成果，转化模式的选择具有特殊性。该情况下，科技成果转化模式涉及的科技成果、合作对象都有相对较高的针对性。对中技术成熟度的科技成果进行转化时，可供选择的合作策略有"战略合作"模式、面向地方中小企业的"共建工程中心"模式、解决企业具体需求的"共同开发"模式。

第三，技术成熟度较低的科技成果向外转化时，需要双方更深入的合作。对于技术成熟度较低的科技成果在进行转化时，其转化模式的选择需要双方利益深度捆绑。技术成熟度较低的科技成果转化的未知性较高，项目合作的风险较大。如果进行深度的利益捆绑，合作双方推动科技成果转化的积极性将会显著提升。

# 第7章 国有企业科技成果转化的管理体制创新研究

国家电网有限公司（以下简称国家电网）坚持推进科技成果转化的管理体制改革，建立和完善科技成果转化工作管理制度体系，为科技成果转化破除了管理体制上的束缚。在此基础上，国家电网科技成果转化的工作取得显著实效。国家电网通过管理体制的创新实践，促进了科技成果的转化运用，在提升电网优质服务水平、促进行业内外融合共享发展、培育公司内部创新发展新动能等方面取得了显著成效。国家电网科技成果转化的管理体制创新具有典型性和可推广性。因此，为了研究国有企业科技成果转化的管理体制创新，本书选取国家电网为研究对象。国家电网组织结构比较庞大，包括总部的29个部门、27个省级公司、40家直属单位。基于科技成果转化管理的研究主题，本书关注于企业集团层面和典型性的直属科研单位的管理体制创新。本章将从国家电网集团层面和其直属科研单位层面开展科技成果转化管理体制的创新研究，通过解析科技成果转化管理体制的创新实践和作用效果，为其他国有企业提供参考和借鉴。

## 7.1 研究设计

### 7.1.1 数据收集和分析

为了保证研究的质量，本书从多种渠道收集数据，如表 7.1 所示。需要特别指出的是，本书的研究团队曾多次前往国家电网相关的直属机构调研，就其科技成果转化工作情况和相关经验进行交流学习，由此形成的录音、笔记材料和相关汇报文件为研究提供了宝贵的一手资料。

表 7.1　数据收集方式

| 数据类型 | 数据来源 | 获取方法 |
| --- | --- | --- |
| 一手资料 | 内部调查 | 多次实地调研，访谈其科技成果转化工作和相关经验 |
| | 外部调查 | 实地调研与国家电网有密切联系的其他公司和科研院所 |
| | 其他 | 与国家电网从事科技成果转化的主管部门进行多次交流 |
| 二手资料 | 文档资料 | 查询公司官网、内部刊物、公开报道、相关文献资料等 |

### 7.1.2 案例基本信息描述

#### 7.1.2.1 国家电网集团层面

国家电网是中央直管的国有独资公司，在我国经济和社会中发挥着重要作用。国家电网关系到国民经济命脉和国家能源安全，是我国特大型国有重点骨干企业。国家电网以投资建设运营电网为核心业务，承担着保障安全、经济、清洁、可持续电力供应的基本使命。国家电网经营区域覆盖我国 26 个省（自治区、直辖市），供电范围占国土面积的 88%，供电人口超过 11 亿。国家电网科技创新能力强，运营绩效优异，多年持续创造全球特大型电网最长安全纪录，建成多项特高压输电工程，成为世界上输电能力最强、新能源并网规模最大的电网。2020 年，国家电网在"《财富》全球 500 强"中排名第 3 位。截至 2020 年底，国家电网专利拥有量连续 10 年位列国有企业第一，连续16年获得国务院国资委业绩考核A级，连续8年获得标准普尔、穆迪、惠誉三大国际评级机构国家主权级信用评级。

国家电网的科技成果转化工作具有典型性和代表性。国家电网全面贯彻创新驱动发展战略，大力推进科技成果转化。国家电网以"三型两网"世界一流能源互联网企业建设为目标，建立成果孵化转化平台，健全成果转化收益分享机制，促进科技成果转化为现实生产力，激发科研人员创新活力。国家电网结合自身业务特点，因地制宜大力推进科技成果转化工作深入开展，以构建贯穿科学研究、产品研发、转化应用全过程的科技成果转化市场化运营模式为目标，初步建立了包含培育成果、转化成果、落实成果及保护成果四个环节的科技成果转化运营体系，以技术许可（包括排他许可和普通许可）、期权转化、作价投资等多种转化方式统筹开展成果转化工作。

在促进科技成果转化的具体举措和成效上，国家电网发挥公司人才、资金、资源等优势，通过搭建成果转化服务平台，引导行业上下游各类科研、产业主体协同发力，共同实施科技成果转化，促进社会经济发展，增加社会就业。此外，国家电网设立公司双创孵化培育基金和产业投资基金，首批科技成果孵化项目完成孵化培育工作，加速实施产业化。国家电网公司系统内成立国网双创平台、国网浙江双创示范中心等10余个成果转化服务平台，遴选具备较高市场价值的科技成果到成果转化服务平台，单兵巡检装置、输电线路异物激光清除装置等一批成果转化后实现生产，累计销售额近亿元。

#### 7.1.2.2 国家电网直属科研单位层面

作为国家电网公司直属科研单位，全球能源互联网研究院（以下简称联研院）是国内首家专业从事全球能源互联网关键技术和设备开发的高端研发机构。联研院通过管理体制的创新，在促进科技成果转化上取得显著成效。

联研院共设置6个职能部门、2个业务支撑部门、6个研究所，并在美国硅谷和德国柏林分别成立了美国研究院、欧洲研究院共2个海外研究院。联研院围绕国家电网"十三五"科技规划，构建了涵盖高性能电工材料、大功率电力电子器件、先进输电装备、新型储能与能源转化、信息通信及安全、先进计算及大数据等六大创新链的基础与共性技术创新体系，包括超/特高压直流输电、超/特高压灵活交流输电、新型输变电、新型储能与能源转化、智能感知与量测、信息安全与先进通信、电网信息物理融合、先进计算及应用、电工新材料、大功率电力电子器件、电能质量共 11 个研发方向。联研院获得国家级、省部级、行业级科技奖励 39 项。其中，国家科技进步奖 2 项，国家技术发明奖 1 项；"一种模块化多电平换流器阀保护方法"荣获中国专利金奖，是电力行业首次获得金奖的专利；累计拥有有效专利 390 件，其中发明专利 347 件、海外专利 52 件；出版科技专著 30 余部，发表科技论文近 500 篇，位居行业科研单位前列。

联研院以管理体制变革为核心，大力推进科技成果的转化应用。联研院于 2016 年成立了国家电网系统首家知识产权运营中心，围绕创新成果转化体系、规范成果转化管理、拓宽成果转化模式、制定转化策略、强化知识产权保护、完善知识产权运营机制共 6 个层面推动科技成果转化工作。在实践中，联研院以科技成果作价投资方式实现"220kV 交联聚乙烯电缆绝缘材料、屏蔽材料制备技术"向江苏省地方企业转化，采用作价投资方式实现电工新材料领域配方类成果转化，有效降低泄密风险并提高转化成功率，开启了以成果作价投资的实践。2017 年 6 月，国家电网和联研院联合成立江苏德润高压电缆材料有限责任公司，构建高压电缆材料研发、生产的产业链和创新链，实现强强联合、互利共赢，为 220kV 高压交流电缆用交联聚乙烯绝缘材料国产化及后续 ±500kV 直流电缆材料产业化奠定了坚实基础。联研院开展了作价投资方式的探索并与民营企业电缆材料生产厂家成立了高压电缆材料合资公司，建立科研和产业单位间紧密的资本型协作机制，实现系统内外科研力量协同创新和成果的高效转化应用，打破国外技术垄断，实现高压电缆材料的国产化。

### 7.1.3 国家电网科技成果转化模式

#### 7.1.3.1 特点分析

国家电网以建设运营电网为核心业务，是各类电力技术的主要用户，业务链长、经营范围广，70% 左右的科研项目（包括能力提升类、业务支撑类）产出成果直接应用或指导电网生产活动，15%左右的科研项目（基础前瞻类）不以短期应用为目标，剩余15%左右的科研项目（成果转化推广类）产出成果通过各种转化方式向公司内外转化。因而，国家电网的科技成果应用性强且具有知识产权布局优势。

国家电网科技成果的应用性强。国家电网科技成果服务核心更明确，大多数科研项目的立项具有明确的应用需求。相比之下，高校和科研院所的科研项目要兼顾基础研究与应用研究，大多基础研究部分的工作难以快速拓展到应用层面，而应用研究也存在与市场信息不对称的问题。国家电网的科技成果一般具有相对明确的应用性。

国家电网科技成果的知识产权基础较好。相比之下，高校及科研院所的研究更侧重于基础性和前瞻性研究，该类研究在专利布局方面的一个共同难点是难以预测其走向技术市场后的实际应用情况，甚至技术是否能够成功走向技术市场也存在偶然性。因此，相比很多高校与科研院所面对的难以实施的知识产权布局现状，国家电网科技成果在专业领域具有天然的布局性优势，是距离市场应用更近的研究。

### 7.1.3.2 应用场景分析

国家电网科技成果的应用场景主要为电网业务、"一带一路"建设、直属产业和金融业务。电网业务包括特高压输电、智能电网、清洁能源和配电网。"一带一路"建设包括境外投资、境外工程、交流合作、互联互通、国际标准及驻外机构。直属产业包括高端制造、"互联网+"、节能环保等方面。金融业务包括集团公司业务、银行业务、保险业务和资产管理业务。因此，根据国家电网科技应用的场景分析，其科技成果转化要注重整体性，即业务涉及的各个领域都应考虑可能存在的配套政策。

其中，电网是高效快捷的能源输送通道和优化配置平台，是能源电力可持续发展的关键环节，在现代能源供应体系中发挥着重要的枢纽作用，关系国家能源安全。"一带一路"建设是我国适应和引领全球化、构建全方位开放发展新格局的重大举措。国家电网的直属产业作为公司业务的重要组成部分，是公司服务经济社会发展的重要力量，业务板块包括电工装备制造、信息通信与电子商务、节能与电能替代、境外投资与运营、工程总承包等。国家电网的金融业务作为公司业务的重要组成部分及公司产融结合平台,通过强化公司系统资金管理、保险保障、资产管理等,有力支持了电网建设和公司发展。金融业务涉及银行、保险、资产管理三大板块,涵盖10个专业金融单位,参股23家机构。

#### 7.1.3.3 关键要素分析

从科技成果转化涉及的主体来讲,科技成果能否成功转化与科技成果、技术供给方、技术承接方、科技成果转化中间人四个要素紧密相关。

科技成果:科技成果能否成功转化与科技成果本身有着根本的关系。其中科技成果价值、技术成熟度、市场前景等对于科技成果能否成功转化影响重大。第一,科技成果价值。公司对外实施专利许可、转让或以科技成果作价投资时,必须开展价值评估。一般情况下,高价值(高质量)的科技成果受到的重视程度高,更容易吸引资本进入市场。第二,技术成熟度。技术成熟度决定了科技成果能否顺利实施。科技成果转化存在着高度的不确定性。技术成熟度高的科技成果在转化实施中能大大减小项目风险,因而科技成果达到一定成熟度是项目顺利实施的关键。第三,市场前景。科技成果的市场前景也十分重要。一项科技成果在市场需求越大、技术可替代性越小、前景越广阔的条件下,市场转化的价值越高。

技术所有方:科技成果能否成功转化还取决于技术所有方的转化意愿,因而,激励技术所有方提高转化意愿十分重要。简言之,就是对科技成果转化涉及的人员进行相应的激励。只有技术所有方积极推动转化工作,科技成果才能顺利进入市场。

技术承接方:科技成果能否成功转化,对于技术承接方而言,主要在于其技术市场化能力,如技术承接方能否对技术进行深度孵化、产品化、市场运营等。对于现有科技成果转化模式来说,在科技成果转化不同的阶段可能是由不同的主体承担,如孵化园区、合资公司、试验平台、产业公司等。

科技成果转化中间人:科技成果转化中间人是连接技术供给方和技术承接方的纽带。科技成果转化中间人需要有一定能力判断和平衡交易双方的利益,且其作出的结论具有较高的可信度。科技成果转化中间人可以是独立的第三方机构,也可以依赖于技术供给方和技术需求方,但中间人需要发挥自身的桥梁和纽带作用。

科技成果转化中间人需要对科技成果、技术供给方、技术承接方有相对准确、合理的判断。其职能主要有:对科技成果信息的管理和分析、对科技成果的价值评估、对于技术供给方和技术承接方的搜寻与交接、对交易双方的利益分配和调解等。

#### 7.1.3.4 影响因素分析

科技成果转化收益分配机制不够完善。人员激励制度不够明确和完善是影响研发人员积极性的重要因素,而创新主体积极性不足则直接从源头上影响了科技成果的研发和转化。

科技成果转化过程中涉及的法律程序及集团公司内部流程不够清晰。例如,需要设立专业服务单位或者细化的可操作性的管理流程,统一提供作价评估、交易等服务;需要授权委托专业服务单位,统筹开展公司知识产权商业化运营;需要对已有的科研成果进行分化管理和应用评估,对其市场前景进行预判。

## 7.2 国家电网集团层面的管理体制创新

### 7.2.1 管理体制创新实践

#### 7.2.1.1 规范成果转化工作管理制度

国家电网规范科技成果转化管理,科技成果转化效率得到提升,在一定程度上促进科技成果转化为现实生产力。国家电网依据《促转法》等相关法律、法规和公司有关规定,在科研"放管服"、科技成果转化、人才培养和激励等方面出台了《国家电网公司科技成果转化管理办法》《国家电网公司新技术推广应用管理办法》和《国家电网公司科技型企业分红激励实施办法(试行）》等相关管理制度。此外，国家电网在加强科技成果孵化上也完善相关制度建设。国家电网制定《国家电网有限公司双创孵化培育基金项目管理办法（试行）》和《促进科技成果转化支撑"三型两网"世界一流企业建设工作举措》，进一步在制度上保障科技成果转化工作，提高了科技创新工作的效率和效益。国家电网各二级单位依据国家相关法律法规和公司有关规定，为规范成果孵化、转化项目管理，也相继颁布了一系列管理制度。这些制度从业务上细化了科技成果转化的各项流程，明确了知识产权归属和成果转化激励措施，保障了各单位新技术研发与应用协同发展，有助于培育发展新动能。

### 7.2.1.2 健全科技成果转化运营机制

国家电网健全科技成果转化和知识产权运营机制，为以开放式创新理念构建创新网络、整合创新资源提供支撑。国家电网建立科技成果价值评价体系，实现创新成果评估和对接；设立科技成果孵化器，推动产学研协同创新，促进创新成果转化应用。此外，国家电网在直属科研单位组建了知识产权运营中心，开展了科技成果作价投资等更加灵活、长效的转化方式的探索，研究构建以成果转化应用为终极目标策划科研活动的新型模式，拓展成果转化对象，挖掘成果转化潜力。国家电网还研究制定了各领域科技成果的专利布局和保护策略，健全专利预警和维权机制，保障创新主体的合法权益。

### 7.2.1.3 加强人才吸引和激励机制

国家电网不断加强对科技成果转化的研究人才、转化人才的吸引和激励。具体而言，国家电网完善以能力、业绩为导向的人才评价机制，针对公司科研人员、生产制造人员、管理人员的不同特点，分类建立了职业发展通道体系，拓宽员工职业发展道路，释放人力资源活力。一方面，国家电网通过薪酬、奖金、福利等多种形式，对业绩好、能力强的公司职工以及做出较大贡献的外部创客进行短期激励，实现吸引、留住、用好创新人才的目标。探索构建以成果转化为导向的中长期激励机制。另一方面，国家电网按照国资委关于推动建立国有科技型企业中长期激励机制的相关政策，探索构建双创成果的收益分享模式，开展对双创主体的中长期激励，激发创新创业活力。国家电网制定公司科技型企业分红激励总体方案,在部分科研、产业单位先行先试,并借鉴其他国有企业、双创示范基地股权激励实施经验,探索股权激励的实施路径,努力营造公司内外创新创业的浓厚氛围。

#### 7.2.1.4 建立创新融合共享合作机制

国家电网发挥公司对行业内外企业的溢出效应,针对行业内外各类创新主体,有序开放技术、开发、市场、营销等资源。国家电网编制《国家电网公司实验室资源共享指南》,建立公司内外实验资源共享机制;制定《国家电网公司新技术推广目录》,引导行业内大中小型企业开展新技术研发、新产品研制和产业化。此外,国家电网通过联合研发、生产协作、成果转移转化等方式,加强与麻省理工学院、斯坦福大学等国外高校和科研机构的交流沟通,开展与其他创新型企业、各类众创空间和创新平台的合作,实现公司与各类创新主体特别是中小微企业共同发展。

### 7.2.2 管理体制创新效果

2016—2018年,国家电网的科技成果转化平台累计承担科技成果转化项目400余项,签订转化合同900项,合同额近10亿元。三年间,国家电网累计1200余名科研人员参与科技成果转化工作,采用转让、许可、作价投资等方式实施科技成果转化的项目达百余项。国家电网系统内成立了国网双创平台、国网浙江双创示范中心等科技成果转化服务平台。遴选具备较高市场价值的科技成果纳入成果转化服务平台,单兵巡检装置、输电线路异物激光清除装置等一批科技成果转化后实现生产,累计销售额超亿元。此外,国家电网集团层面发挥公司人才、资金、资源等优势,通过搭建成果转化服务平台,引导行业上下游各类科研、产业主体协同发力,共同实施科技成果转化,促进社会经济发展,增加社会就业。此外,设立公司双创孵化培育基金和产业投资基金,首批科技成果孵化项目完成孵化培育工作,加速实施产业化。

### 7.2.3 管理体制创新经验总结

在企业集团层面,国家电网科技成果转化的管理体制创新可以归纳为四个方面：规范科技成果转化工作管理制度；健全科技成果转化运营机制；加强人才吸引和激励机制；建立创新融合共享合作机制。其中包含的具体创新举措如表7.2所示。国家电网集团层面在规范管理科技成果转化一般流程基础之上，还注重技术孵化培育上的管理，使不宜直接市场化的技术得到发展培育，增加了科技成果实现市场价值的机会。在科技成果转化的具体运营上，国家电网建立价值评估体系、成果孵化器、知识产权运营中心，并注重专利布局和知识产权保护，为科技成果转化的推动提供了多方位的运营保障。此外，国家电网注重人才的培养和激励，建立了短期激励和中长期激励相结合的人才激励机制。更为重要的是，国家电网进行创新的合作共享，与多种类型的创新主体进行科技成果转化的合作，提高了创新资源的融合和利用，发挥了行业引领作用。

表7.2 国家电网集团层面管理体制创新举措

| 管理体制创新 | 具体创新举措 |
| --- | --- |
| 规范科技成果转化工作管理制度 | 在科技成果转化管理、新技术推广、分红激励等方面出台管理制度16项 |
|  | 在技术孵化培育等层面出台相关制度 |
| 健全科技成果转化运营机制 | 建立科技成果价值评价体系 |
|  | 设立科技成果孵化器 |
|  | 组建知识产权运营中心 |
|  | 加强专利布局和知识产权保护 |
| 加强人才吸引和激励机制 | 完善以能力、业绩为导向的人才评价机制 |
|  | 对有突出贡献的公司职工以及外部创客进行短期激励 |
|  | 构建以科技成果转化为导向的中长期激励机制 |
| 建立创新融合共享合作机制 | 建立公司内外实验资源共享机制 |
|  | 引导行业内大中小型企业开展新技术研发、新产品研制和产业化 |
|  | 采用联合研发、生产协作、科技成果转移转化等方式，加强与其他创新型企业、各类众创空间和创新平台的合作 |

## 7.3 国家电网直属科研单位层面的管理体制创新

### 7.3.1 管理体制创新实践

#### 7.3.1.1 创新成果转化体系

联研院进行科技成果转化体系的创新,以科技成果转化应用为终极目标整体策划科研活动。在增强科技协同创新能力的同时,联研院加强与产业单位协同创新,强化科研、产业单位的纽带关系,提升转化效率,缩短转化周期,在科技成果研发、孵化、转化及产业化全过程紧密合作,打通技术研发、成果转化、产业化的创新链条,促进创新资源在整个创新链条中的整合和有效配置,实现科学研究、产品研发、转化应用这三个环节的有机结合。

#### 7.3.1.2 规范科技成果转化管理

联研院深入研究国家政策、相关法律法规及国家电网相关规定,依据《国家电网公司科技成果转化管理办法》,结合自身特点制定成果孵化、成果转化项目业务管理流程,配合国网公司科技部制定《公司双创孵化培育基金管理细则》《公司科技型企业项目收益分红激励实施细则》,完成依托科技成果作价投资实施期权股权激励的可行性研究,提出实施路径,建立符合自身定位的管理模式及工作流程,实现科技成果转化工作全流程管理。

#### 7.3.1.3 拓宽科技成果转化模式

联研院不断拓宽科技成果转化模式,推进重大项目的许可转让。联研院采用排他许可、多家普通许可、期权转化等多种方式,完成了特高压直流换流阀/柔性直流换流阀、200 kV 高压直流断路器、电力线宽带载波芯片技术等多项重大科技成果转化,实现了与国家电网直属产业单位成果转化的"全覆盖"。此外,联研院探索知识产权作价投资的成果转化模式。如前所述,采用作价投资方式,实现电工新材料领域配方类科技成果转化;通过作价投资方式与民营电缆材料生产厂家成立了高压电缆材料合资公司。完成国家电网美国研究院首例成果"智能配用电大数据分析系统"向国内产业单位的转化,同步研究国外的相关法律和政策规定,制定了国家电网美国研究院的成果向国内转化的管理流程,逐步构建国家电网美国研究院成果向国内转化的通道。联研院还构建了科技成果孵化机制,在国家电网有限公司科技创新部指导下制定了科技成果孵化器管理流程,积极推动500 kV高压直流断路器、550 kV及以下GIS用绝缘拉杆等项目进入科技成果孵化器,研究科技成果进入孵化期后与科研及产业单位的协作机制,努力实现科技成果转化与产业化的"无缝对接"。

### 7.3.1.4 研究科技成果转化策略

一是整体规划各领域科技成果的转化方式,根据各领域科技成果的技术成熟度、市场份额等因素以及待转化单位的特点,确定适合的转化方式,实现技术许可、期权转化、作价投资等转化方式的灵活运用。二是探索科技成果批量化作价入股的转化新方式,按照产业单位的经营范围进行划分,将对口的各项科技成果及知识产权打包,提升转化的效率和效益。三是研究制定系统内外科技成果标准化的定价策略。建立适合普通许可、排他许可、期权转化的定价模型,分析并归纳系统内外、各领域科技成果转化的定价特点,逐步形成系统内外科技成果标准化的定价策略。四是创新科技成果的推介方式,通过在网站上发布待转化科技成果信息、组织科技成果转化推介会等活动,建立与产业单位的交流沟通渠道,促成签订科技成果转化合同,提升转化效率。

### 7.3.1.5 强化知识产权保护

联研院高度重视可转化项目的专利布局,在研发阶段就开展专利布局,强化创新成果保护和专利风险的规避。实践上,联研院在高压直流断路器、柔性变电站及氢储能等可转化技术领域的专利布局覆盖率达100%。2015年以来,联研院通过有针对性的专利布局工作,提高研发效率、规避研发风险,扭转了为完成科研指标而盲目和零散申请专利的局面，推动了重大科技成果转化和落地实施，并积极根据市场推广情况向海外布局专利，为下一步"走出去"打下了坚实的基础。此外，联研院注重核心技术专利的维权和预警，建立了专利维权和预警机制，加强对竞争对手侵权行为的实时追踪。通过调取、查阅专利审查文件，阅读大量相关文献，有针对性地深入检索分析，成功阻止个别单位多次侵犯联研院高压直流断路器、统一潮流控制器、防抗台风应急管理系统等核心技术知识产权的行为。

### 7.3.2 管理体制创新效果

2016—2018 年，联研院累计签署 79 项科技成果转化合同，并形成知识产权运营净收入 5 亿元。联研院完成了 200 kV 高压直流断路器、特高压直流换流阀/柔性直流换流阀、数字式智能 IGBT 驱动技术、550 kV 及以下 GIS 用绝缘拉杆、220 kV 交联聚乙烯电缆绝缘屏蔽材料、IGBT 芯片技术等重大科技成果的转化，支撑了厦门柔性直流输电、舟山柔性直流输电等重大工程建设；多项重大成果直接应用于电网业务，解决了电网规划、建设、运行、检修、营销等业务中的重大问题，产生了巨大的社会效益。其科技成果转化项目包含六个经典项目，具体情况如表 7.3 所示。

表 7.3 六个经典科技成果转化项目

| 项目名称 | 项目具体情况 |
| --- | --- |
| 200 kV 高压直流断路器成果转化 | 该成果应用于直流电网，能直接开断直流故障电流，从而大大缩短电力系统故障恢复时间，技术指标优于国外 ABB、GE、Siemens 公司，国外尚无同类产品。联研院与南瑞集团有限公司、许继集团有限公司、平高集团有限公司三家产业单位同时签订普通许可合同，通过市场机制推动三家单位形成合力，加速技术的推广应用，成果转化当年即成功应用于舟山±200 kV 五端直流输电系统，为世界首套商用直流断路器，投运后极大地提升了舟山工程可用率。累计实现转化收益 5765 万元，在国内有很大的市场规模 |
| 特高压直流换流阀/柔性直流换流阀技术 | 特高压直流换流阀（包括±800 kV/5000 A、±800 kV/6250 A、±1100 kV/5000 A）和柔性直流换流阀（包括±320 kV/1000 MW、±420 kV/1250 MW、±500 kV/3000 MW），已成功应用于 9 个特高压直流工程和 3 个柔性直流输电工程。在国内外市场有广大需求。其中特高压直流换流阀技术成功应用于巴西特高压工程，柔直换流站技术成功进入欧洲高端市场 |

续表

| 项目名称 | 项目具体情况 |
|---|---|
| 数字式智能 IGBT 驱动技术 | IGBT 驱动器（IGBT Driver）用于实现 IGBT 器件正常开通关断以及在各种异常情况下可靠保护电路，是 IGBT 器件应用的核心。该成果是国内首个完全自主知识产权数字驱动技术，打破德国 Inpower 公司垄断，可替代国外 ABB、Siemens 公司同类产品，成果已成功应用于厦门柔性直流工程、上海 UPFC 工程等 3 个工程 |
| 550 kV 及以下 GIS 用绝缘拉杆工程化样机研制孵化器项目 | 绝缘拉杆的主要作用是实施高压开关的可靠开断，是 GIS 设备中的重要绝缘件，它起着绝缘、操作开断的作用，具有很高的机械力学特性和电气绝缘特性要求。该成果打破国外垄断，解决 GIS 用绝缘拉杆长期依赖进口的困境，降低造价，促进市场充分竞争。联研院与国家电网平高集团联合申报国家电网公司科技创新部孵化器项目，解决科研成果从试验品到产品"最后一公里"的问题，借助产业单位力量提升工艺稳定性和产品成品率，完成产品的批量化生产 |
| 以科技成果作价入股方式新设高压电缆材料合资公司 | 联研院以 220 kV 交联聚乙烯电缆绝缘材料、屏蔽材料制备技术作价入股，与江苏德威新材料股份有限公司联合成立合资公司。联研院首次尝试资本化成果转化模式，与民营企业合作成立合资公司 |
| 以 IGBT 芯片技术作价入股成立合资公司 | 我国功率半导体市场占全球份额 50%，但 90% 的 IGBT 器件依赖进口，急需打破欧美和日本的垄断，电力系统用 IGBT 集中在新能源接入、智能电网建设和高压柔性输电应用。联研院以绝缘栅双极型晶体管（IGBT）芯片技术、快恢复二极管（FRD）芯片技术以及模块封装技术作价入股与国家电网下属产业单位合作洽谈新设的合资公司，打造国家电网系统内首家 IGBT 生产制造企业。相比国际价格水平，芯片价格最高降低 30%，模块价格最高降低 50% |

### 7.3.3 管理体制创新经验总结

作为国家电网的直属科研机构，联研院科技成果转化的管理体制创新可以归纳为五个方面：创新成果转化体系；规范成果转化管理；拓宽成果转化模式；制定成果转化策略；强化知识产权保护。各层面的具体创新举措如表 7.4 所示。联研院科技成果转化管理体制的亮点在于，以科技成果转化应用为终极目标整体策划科研活动，在科技成果研发、孵化、转化及产业化全过程与产业单位展开紧密合作。此外，联研院探索制定了科技成果作价投资、实施期权股权激励的工作流程，为国家电网集团内部首创。联研院还不断拓宽科技成果转化模式，实践了排他许可、多家普通许可、期权转化、知识产权作价投资等多种转化模式，研究构建了海外科技成果对内转化的通道。联研院不断完善科技成果转化策略和强化知识产权保护，也为科技成果的顺利实施提供了坚实的保障基础。总之，联研院创新了国有企业科研机构的科技成果转化体系，不断进行科技成果转化管理体制的创新与实践，为其他国有企业科研单位的科技成果转化提供了参考模式。

表 7.4 国家电网直属科研机构科技成果转化管理体制创新举措

| 管理体制创新 | 具体创新举措 |
| --- | --- |
| 创新成果转化体系 | 以科技成果转化应用为终极目标整体策划科研活动。与产业单位协同创新，在科技成果研发、孵化、转化及产业化全过程进行紧密合作 |
| 规范成果转化管理 | 在基本业务流程上，研究制定科技成果作价投资、实施期权股权激励的工作流程 |
| 拓宽成果转化模式 | 采用排他许可、多家普通许可、期权转化等多种转化模式 |
| | 探索知识产权作价投资的转化模式 |
| | 构建海外科技成果对内转化的通道 |
| | 构建科技成果孵化机制 |
| 制定成果转化策略 | 根据技术成熟度、市场份额等因素以及待转化单位的特点，确定适合的转化方式 |
| | 探索科技成果批量化作价入股的转化新方式 |
| | 研究制定系统内外科技成果标准化的定价策略 |
| | 通过在网站上发布待转化科技成果信息、组织科技成果转化推介会等活动，建立与产业单位的交流沟通渠道 |
| 强化知识产权保护 | 注重可转化项目的专利布局，在研发阶段就开展专利布局，强化创新成果保护和专利风险的规避 |
| | 注重核心技术专利的维权和预警，建立专利维权和预警机制，加强对竞争对手侵权行为的实时追踪 |

### 7.3.4 实践中存在的问题

#### 7.3.4.1 机制体制不够完善

《促转法》和《实施〈中华人民共和国促进科技成果转化法〉若干规定》

只对国家设立的研发机构和高等院校科技成果转化作出了具体规定,但是对国有企业的科技成果转化无明确规定。受国有企业经营管理制度的约束,国有企业科技成果转化还面临着配套制度不完善的问题。比如职务成果所有权转让给成果发明人,就涉及国有资产管理的问题。此外,科技成果作价入股的转化方式也要符合国有企业股权投资、员工持股的相关规定。即使是《国有科技型企业股权和分红激励暂行办法》已经规定了对科技成果转化贡献人员的奖励原则,具体实施过程中关于收益的测算、奖励工资总额的核定、离岗创业人员待遇等问题都需要较为复杂的处理过程。

成果转化激励机制不完善。除了在联研院、中国电力科学研究院等开展的岗位分红、项目分红激励政策,国家电网下属的其他单位(省级公司电力科学研究院由于不是独立法人单位,无法开展分红激励;产业单位又不满足国资委分红激励政策约定的条件)还未开展成果转化激励措施,人员激励措施覆盖不足。国家电网已经在主要科研单位开展了岗位分红,激励效果显著,激发了科研人员积极性,但针对产业化单位,科技成果转化和产业化收益分配原则和方式有待明确。此外,领导干部免责制度和容错机制不健全,导致领导干部在推动科技成果转化过程中仍有顾虑。

### 7.3.4.2 人员的激励措施不够完善

国家电网省级电力公司专业技术人员的经济收入全部来源于公司严格管控的工资性收入,在工资总额核定的前提下,部分专业技术人员若要取得科技成果转化收益,必然降低其余未从事科技成果转化工作人员的工资收入,客观上造成专业技术人员难以取得成果转化收益,从而制约了专业技术人员从事科技成果转化的积极性和创造性。对于省级电力公司,还无法进行岗位分红以及项目分红,同时科技成果转化过程长、工作量大,没有专项奖励,很难调动发明人的积极性。

### 7.3.4.3 科技成果转化本身有局限性

科技成果价值评估存在困难。公司对外实施专利许可、转让或以科技成果作价投资时,必须开展价值评估。多数资产评估机构的业务对象主要为实物资产评估，社会上少有此类提供科技成果价值评估专项服务的第三方机构。科技成果价值评估存在困难，评估不准确有可能带来国有资产流失风险，导致科技成果难以进入转化。

科技成果转化的目的是最终在市场层面实现成果的应用，国有企业在科技创新方面"重研发、轻转化"的现状造成了企业在科技成果转化方面的管理经验不足，特别是在尊重市场规律的前提下评估成果转化前景以及合理配置转化资源的能力与专业创投公司或者基金公司相比还存在明显的差距。新技术推广过程中，对新技术的接纳程度不足，在尚未完全批量生产的情况下，新技术成果在制造成本上不具备优势，且新技术因其具有一定的不确定因素，在安全要求高的场合应用较为困难。

## 7.4 小结

国家在促进科技成果转化、加强人才激励等方面出台了系列政策措施，推动高新技术转化为生产力，激励培育重大成果。国资委结合国有企业和国有资产改革、科技体制改革，积极开展科研人员股权、分红激励试点，激发企业创新活力，实现提质增效。在此情况下，国有企业如何结合自身属性和功能定位，加强相关的体制机制改革，对于促进国有企业自身发展和实现企业使命影响深远。

国家电网以"建设具有中国特色国际领先的能源互联网企业"为长远发展的战略目标，积极推进科技成果转化的体制机制改革创新，提升科技成果转化效率。一方面，国家电网健全科技成果转化工作管理制度体系，规范科研"放管服"、科技成果转化、人才培养激励等管理制度，健全科技成果孵化转化制度体系，保障新技术的研发与应用协同发展，提高科技创新工作的效率和效益。另一方面，国家电网加强科技成果转化和知识产权运营机制，完善人才评价激励机制，发展创新融合共享机制，为促进科技成果转化实施提供重要制度保障。国家电网直属科研单位联研院结合自身定位，提出了"以成果转化为终极目标开展科研活动"的新思路，在科技成果研发、孵化、转化及产业化全过程与产业单位紧密合作。联研院将科技成果转化和知识产权运营作为国有企业科研机构转型升级的重要手段，强调通过加强知识产权运营，实现技术的市场价值。在此基础之上，联研院进一步规范科技成果转化管理，扩宽科技成果转化模式，根据技术特点定制灵活的转化策略，强化核心知识产权的保护，从而在促进科技成果转化上取得重大突破。

国家电网及其直属科研单位在科技成果转化上的管理体制创新，为其他国有企业科技成果转化的体制创新提供了现实参考依据，对于促进国有企业科技成果转化的管理体制改革与创新，实现国有企业科技成果快速转化实施具有重要参考价值和实践意义。

# 第8章 国有企业科技成果转化的外部环境影响分析

本章关注国有企业所处的外部环境因素对于国有企业科技成果转化的影响。具体来讲,本章关注宏观经济社会环境因素对企业创新的研发过程和产品化过程的作用机制和影响效果,并进一步分析外部环境因素对国有企业和非国有企业绩效影响的异质性。本章的研究结论可以为推动国有企业技术研发过程和技术产品化过程提供实证分析的依据,并且为提高国有企业绩效提供可参考的路径和建议。为促进国有企业的科技成果转化,各相关部门可据此采取相应的政策措施。

## 8.1 研究要素与研究假设

### 8.1.1 研究要素

关于影响企业创新发展的外部因素,学者们已经进行过广泛的研究,主要集中于知识产权保护、地区经济发展水平、政府补贴支持、投融资环境等(何丽敏 等,2019)。冯根福等(2021)基于九大中文经济学权威期刊中关于中国企业创新影响因素分析的研究，提炼出影响中国企业技术创新的主要因素，证明地区发展水平、产业结构和产权保护水平是决定企业技术创新的关键外部因素。影响国有企业与民营企业创新发展的关键外部因素有所不同，比如地区经济发展水平和产业结构对于国有企业创新发展更为关键（见表8.1）。

表8.1 影响中国企业创新的外部因素及代表性指标

| 期刊 | 外部影响因素 | 代表性指标 |
| --- | --- | --- |
| 《经济研究》 | 经济发展水平<br>知识产权保护水平<br>人力资本<br>政府支持<br>营商氛围<br>投融资环境 | 地区经济发展水平<br>知识产权保护水平<br>研发人员所占比例等<br>政府研发补贴数量<br>企业聚集度<br>外商投资规模等 |
| 《管理世界》 | | |
| 《中国工业经济》 | | |
| 《经济学（季刊）》 | | |
| 《金融研究》 | | |
| 《世界经济》 | | |
| 《数量经济技术经济研究》 | | |
| 《财贸经济》 | | |
| 《经济管理》 | | |

企业创新所处的外部环境主要涉及知识产权环境、地区经济水平、地区开放程度、企业密集程度等。当前，我国经济由高速增长阶段转向高质量发展阶段，需要更好地发挥创新驱动作用。国家层面对于全面加强知识产权保护工作、激发创新活力推动构建新发展格局也做出了新的指示和部署。因而，我国现有知识产权保护与企业创新发展的实际情况有待实证上的检验。已有研究认为，知识产权保护可以降低企业研发投资及创新投入的巨大成本和风险，通过赋予创新者对创新成果的专有权确保企业的预期收益，从而激励企业创新（吴超鹏 等，2016；Klein，2018）。知识产权保护对企业创新的影响存在显著的区域异质性。Kim 等（2012）在知识产权促进经济增长的研究中发现，专利权保护对创新的激励作用在发达国家显著，但在发展中国家微乎其微。Ramzi 和 Salah（2018）通过研究不同国家创新能力的驱动因素，总结出在发达国家或新兴国家背景下阐述的大多数有关创新的假设并不适合创新能力较弱的国家，因为创新能力弱的国家不属于知识经济范畴。总而言之，

知识产权保护对创新的影响存在明显的地区异质性，且这种区域异质性与地区经济发展水平紧密相关。

从区域环境层面来说，除去知识产权保护之外，影响一个地区企业创新主要的其他因素有以下四个方面。①地区经济发展水平。在经济发展水平越高的地区，企业对于经营和创新活动越自信，更愿意进行创新投入。②地区开放程度。地区开放程度的提高可以加大技术溢出、提供创新所需要的技术基础，降低创新风险及成本，从而激励企业进行创新投入。③地区政府支持力度。政府补贴在一定程度上可以降低自主创新承担的创新风险，降低创新成本。因而，政府补贴对企业创新投入有激励作用。④地区企业集聚度。一个地区高技术企业越多，其创新氛围越活跃。产业集聚使得产业链更加完整，更有利于合理配置创新资源、拓展融资渠道、降低创新成本（刘树林 等，2018；周密 等，2018；韩莹 等，2018）。

基于此，在研究国有企业科技成果转化活动面临的外部因素时，知识产权保护和地区经济发展水平是其中最为主要的影响因素。本书主要对这两个外部影响因素进行分析，同时也考察地区开放程度、政府支持程度、地区企业营商氛围等因素对企业创新和企业绩效的影响。

### 8.1.2 研究假设

企业创新的来源主要来自两个方面，一是获取企业外部的技术，二是进行企业内部的自主研发。这两者均受到地区知识产权保护水平的影响。从企业获取外部技术的角度来看，已有研究表明地方知识产权保护水平越高，企业通过技术外溢效应和技术扩散免费获得技术创新的难度越大（周密 等，2018）。同时，企业模仿、剽窃外部创新成果的惩罚力度显著增强（吴超鹏 等，2016），即企业获取外部创新资源的成本会相对提高。从企业自主研发角度来看，地区知识产权保护水平的提高能保障企业对于创新成果的所有权益和经济利益（李静晶 等，2017），减少企业创新的外部性（Wei et al.，2016），即企业通过自主研发获取创新资源的成本会相对降低。综上所述，随着知识产权保护水平的提高，企业获取外部创新资源的成本会相对提高，而通过自主研发获取创新资源的成本会相对降低。这两者均会让企业注重自身的研发与创新，提高企业自身的创新投入，从而获得更大的经济效益。

以往文献在研究知识产权保护对企业创新的影响时，一般都是基于 Hansen 的非线性面板门槛回归模型，以知识产权保护作为门槛变量，知识产权保护通过作用于其他创新要素（如外商直接投资、对外直接投资、研发投入等）进而影响创新（李勃昕 等，2019；陈恒 等，2017）。但从宏观经济层面来讲，知识产权作为环境变量，应当和经济水平等环境变量一样对创新发挥作用。既然知识产权保护对企业创新的影响存在显著的区域异质性，即知识产权保护对企业创新的影响依赖于地区经济发展水平，可以采用知识产权保护与经济水平的交互项来表示该影响关系。基于两阶段创新价值链理论（Guan，2014，2012），本书把区域层面的技术创新划分为技术研发和技术产品化两个阶段，通过分析知识产权保护水平和地区经济发展水平对企业创新中技术研发和技术产品化的影响，进一步探讨各地区如何根据自身知识产权保护强度和经济水平进行有关政策调节以更好地促进企业创新。

第一，在技术研发阶段，知识产权保护可以为创新主体提供良好的自主创新和研发环境，从而推动技术研发过程。吴超鹏和唐菂（2016）认为在技术研发阶段知识产权保护可以通过调整研发溢出损失机制、缓解研发阶段外部融资约束，促进企业的创新。由此，我们提出研究假设 H1：知识产权保护水平的提高可以促进企业技术研发过程。

第二，在技术产品化阶段，知识产权保护可能通过保障创新主体有关新技术、新产品的收益促进技术产品化过程，促进新产品的生产销售。知识产权保护的加强可以帮助企业减少模仿者的竞争，扩展市场份额，增加品牌效应，保障创新企业的高额利润。Teece（1986）提出创新获利（Profiting from innovation，PFI）的框架，指出知识产权保护机制是创新型企业实现创新获利的重要机制。PFI 框架的核心思想指出创新者通过研发投入产出创新成果，并将其申请专利，在专利技术产品化后，通过产品的生产和销售获利。在良好的知识产权保护环境下，企业的专利技术和相应的产品得到有效保护，企业通过垄断性的市场地位获得利润，激励企业创新。由此，我们提出研究假设 H2：知识产权保护水平的提高可以促进企业技术产品化过程。

第三，通过前文大量的文献研究，我们发现知识产权保护水平对企业创新的影响会因地区经济发展水平的不同而存在很大差异。为进一步研究不同程度下知识产权保护水平随着经济水平变化对企业创新的影响规律。我们提出研究假设 H3：知识产权保护水平和地区经济发展水平对企业创新产生交互影响。

## 8.2 思路设计

### 8.2.1 实证模型

为了定量研究知识产权保护和经济发展水平对企业创新的影响，本书在原有的面板回归模型基础上加入知识产权保护与经济水平的交互项构建计量经济模型，具体如式（8.1）所示。

$$lnInnovation_{it} = \beta_0 + \beta_1 ipp_{it} + \beta_2 lngdp_{it} + \beta_3(ipp_{it} \times lngdp_{it}) + \varphi X + \gamma_t + \mu_i + \varepsilon_{it} \tag{8.1}$$

在式（8.1）中，$i$ 和 $t$ 分别表示第 $i$ 个地区和第 $t$ 年；被解释变量 $lnInnovation_{it}$ 是创新能力；解释变量 $ipp_{it}$ 是知识产权保护水平；$lngdp_{it}$ 表示地区经济发展水平；$X$ 是控制变量；$\gamma_t$ 和 $\mu_i$ 分别是年份和地区效应；$\varepsilon_{it}$ 是随机误差项；$\beta_0$、$\beta_1$、$\beta_2$、$\beta_3$ 和 $\varphi$ 是待估系数。

需要说明的是，式（8.1）中没有加入知识产权保护的高次项，因为其在统计学和经济学上的检验均不显著；此外，式（8.1）未能考虑相邻年份创新能力的动态效应，即当年创新效率可能受到上一年创新效率的影响。因此，本书在式（8.1）的基础上扩展得到动态面板数据模型，模型形式如式（8.2）所示。

$$lnInnovation_{it} = \beta_0 + \rho lnInnovation_{i,t-1} + \beta_1 ipp_{it} + \beta_2 lngdp_{it} + \beta_3(ipp_{it} \cdot lngdp_{it}) + \varphi X + \gamma_i + \mu_t + \varepsilon_{it} \tag{8.2}$$

本书采用固定效应模型和随机效应模型对式（8.1）进行回归分析，并采用豪斯曼检验来判断固定效应模型和随机效应模型的优劣性。但是，对式

(8.2）进行估计时，固定效应模型和随机效应模型均无法解决变量遗漏和双向因果关系所导致的内生性问题。在实际应用中，大量研究表明，当被解释变量具有时间持续性时，系统广义矩估计更优于差分广义矩估计（Bond，2002）。因此，本书采用系统广义矩估计对式（8.2）进行回归分析。

### 8.2.2 变量设置

本书的被解释变量为创新能力，核心解释变量为知识产权保护水平和经济发展水平。结合现有文献，本书在计量模型中加入了政府财政补贴、外商直接投资水平、国际贸易水平、知识资本存量、地区营商活跃程度等控制变量。

（1）地区企业创新能力。本书的被解释变量是地区企业的创新能力，在技术研发阶段，以2012—2017年各地区规模以上工业企业年专利申请量取对数来衡量（记为 $lnpat\_app$）；在技术产品化阶段，以2012—2017年各地区规模以上工业企业新产品年销售收入取对数来衡量（记为 $lnnewpro\_income$），数据均来自国家统计局网站。

（2）地区知识产权保护水平。知识产权保护水平是本书的核心解释变量之一。这里采用国家知识产权局知识产权发展研究中心每年发布的中国知识产权发展状况评价报告中的知识产权保护发展指数来衡量（记为 $ipp$），该指数构建过程中包含的具体指标和内容如表8.2所示。

（3）地区经济发展水平。地区经济发展水平是本书的另一核心解释变量。本书采用各地区人均国内生产总值表示（记为 $lngdp$），该数据来自国家统计局网站。

（4）政府研发支持强度。各地区规模以上工业企业每年研发经费内部支出中来自政府的资金取对数表示（记为 $lnsup\_gov$），该数据来源于中国科技统计年鉴。

（5）外商直接投资水平。各地区每年外商投资企业投资总额对数表示（记为 $lnfdi$），该数据来源于国家统计局网站。

（6）国际贸易水平。境内目的地和货源地进出口总额对数表示（记为 $lnopen$），该数据来源于国家统计局网站。

(7) 知识资本存量。各地区规模以上工业企业有效发明专利数对数表示（记为 $lnpat\_ex$），该数据来源于国家统计局网站。

(8) 地区营商氛围。用地区企业数/人口表示（记为 $act$），该数据来源于国家统计局网站。

表 8.2　地区知识产权保护发展指数的具体指标

| 指数名称 | 具体指标 |
| --- | --- |
| 司法保护 | 法院新收知识产权一审案件量/件 |
| | 法院审结知识产权一审案件量/件 |
| | 法院知识产权案件平均结案率/% |
| | 法院知识产权案件平均赔偿额/万元 |
| | 检察机关批准逮捕涉及侵犯知识产权犯罪案件数/件 |
| | 检察机关批准逮捕涉及侵犯知识产权犯罪人数/人 |
| | 提起公诉的涉及侵犯知识产权犯罪案件数/件 |
| | 提起公诉的涉及侵犯知识产权犯罪人数/人 |
| 行政保护 | 专利行政保护指数/分 |
| | 商标行政保护指数/分 |
| | 版权行政保护指数/分 |
| | 知识产权海关行政保护指数/分 |
| 保护效果 | 研发投入强度/% |
| | 规模以上工业企业申请专利比例/% |
| | 注册商标续展率/% |
| | 知识产权使用费/万美元 |

数据来源：中国知识产权发展状况评价报告。

### 8.2.3　样本情况及描述性统计

本书以中国 31 个省（区、市）为研究区域；由于知识产权保护水平指数的来源报告于 2012 年才发布，因此，研究年份区间为 2012—2017 年。最终，本书采用的是 186 个样本容量的省级面板数据。表 8.3 显示了主要变量的描述性统计分析结果。

表 8.3 主要变量的描述性统计分析结果

| 变量名称 | 样本量 | 均值 | 标准差 | 最小值 | 最大值 |
| --- | --- | --- | --- | --- | --- |
| 研发创新能力 | 186 | 8.897 | 1.775 | 2.197 | 12.203 |
| 产品化能力 | 186 | 16.615 | 1.910 | 9.952 | 19.670 |
| 知识产权保护水平 | 186 | 63.226 | 13.866 | 40.560 | 93.740 |
| 经济发展水平 | 186 | 10.771 | 0.411 | 9.889 | 11.768 |
| 知识产权保护水平×经济发展水平 | 186 | 683.876 | 165.799 | 410.354 | 1037.044 |
| 政府支持程度 | 186 | 10.995 | 1.698 | 1.386 | 13.068 |
| 开放程度 | 186 | 17.479 | 1.701 | 13.018 | 20.971 |
| 外商投资水平 | 186 | 10.951 | 1.474 | 7.031 | 14.382 |
| 知识资本存量 | 186 | 8.681 | 1.654 | 3.466 | 12.575 |
| 营商氛围 | 186 | 2.264 | 1.581 | 0.208 | 7.432 |

## 8.3 外界环境对于企业创新的影响

### 8.3.1 相关关系

图 8.1 为 2012—2017 年研发阶段知识产权保护水平和创新能力散点图，图 8.2 为 2012—2017 年科技成果转化阶段知识产权保护水平和创新能力散点图。总体而言，无论是在技术研发阶段还是技术产品化阶段，知识产权保护水平和创新能力均呈现明显的正相关，且体现出明显的线性。散点图只是直观地反映了两者之间的关系，并没有考虑经济水平等其他因素对创新的影响。

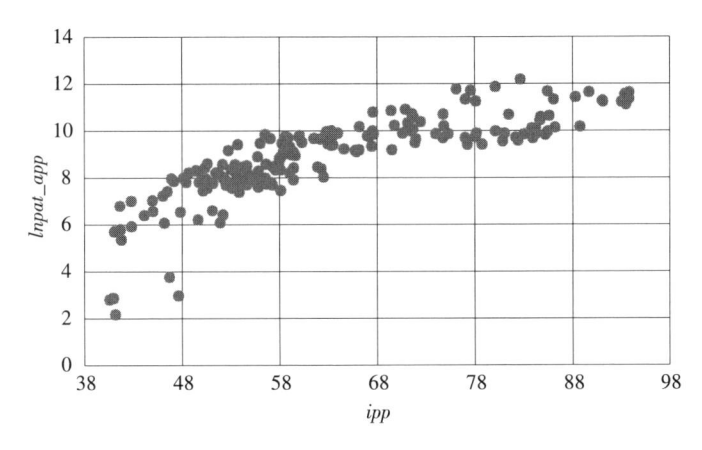

图 8.1 研发阶段知识产权保护水平和创新能力散点图

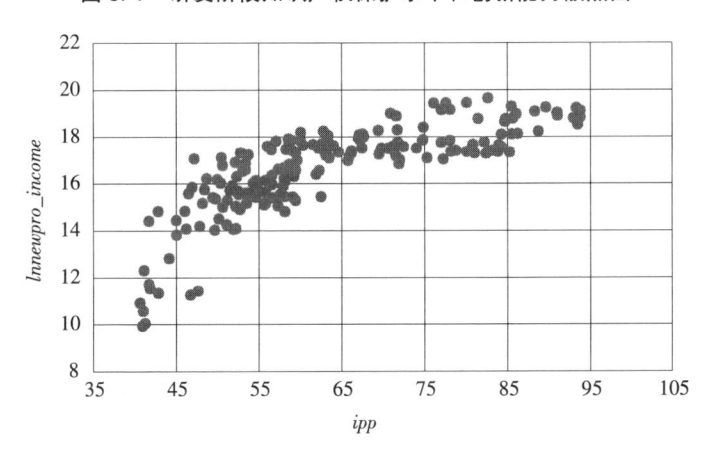

图 8.2 科技成果转化阶段知识产权保护水平和创新能力散点图

## 8.3.2 计量回归结果

### 8.3.2.1 回归结果

表 8.4 显示了在技术研发阶段知识产权保护强度和地区经济发展水平对地区创新能力影响的主要计量回归结果。本书首先采用混合 OLS 回归、固定效应模型和随机效应模型分别对式（8.1）进行回归分析。经检验，解释变量的方差膨胀因子（VIF）值均小于 10，满足多重共线性的检验要求。在混合 OLS 回归与固定效应模型比较中，F 检验的 $p$ 值小于 0.001；同时通过 LSDV 法进一步检验，存在部分个体虚拟变量显著，即存在个体效应，固定效应模

型明显优于混合回归。在固定效应模型与随机效应模型比较中,豪斯曼检验统计值为47.73,在1%的统计水平上拒绝了随机效应模型中地区效应与解释变量不相关的原假设,因此,本书选择固定效应模型的回归结果。之后,本书采用系统广义矩估计对式(8.2)进行回归分析,并对工具变量进行过度识别检验以及对扰动项差分进行序列相关检验。过度识别检验统计值为25.8903,接受了所有工具变量不存在过度识别的原假设,表明所有工具变量均有效。一阶序列相关检验统计值为-2.307,二阶序列相关检验统计值为-0.52836,在5%的统计水平上接受了扰动项差分不存在一阶序列相关的原假设,因此采用系统广义矩估计对式(8.2)进行回归分析是合理的。

表8.4 技术研发阶段计量结果

| VARIABLES | (1) ols1 lnpat_app | (2) fe_robust1 lnpat_app | (3) fe1 lnpat_app | (4) re1 lnpat_app | (5) gmm_1 lnpat_app |
|---|---|---|---|---|---|
| L.lnpat_app | | | | | 0.508*** |
|  | | | | | (0.147) |
| ipp | 0.297** | 0.177* | 0.177** | 0.231* | 0.365** |
|  | (0.131) | (0.0909) | (0.0693) | (0.129) | (0.168) |
| lngdp | 1.252 | 0.889* | 0.889** | 0.697 | 2.036** |
|  | (0.772) | (0.489) | (0.417) | (0.727) | (0.974) |
| ippgdp | -0.0261** | -0.0158* | -0.0158** | -0.0203* | -0.0332** |
|  | (0.0122) | (0.00831) | (0.00650) | (0.0117) | (0.0155) |
| lnsup_gov | 0.289*** | 0.0826*** | 0.0826*** | 0.143*** | 0.204*** |
|  | (0.0560) | (0.0291) | (0.0304) | (0.0218) | (0.0472) |
| lnopen | 0.0165 | 0.271** | 0.271*** | 0.105** | 0.106 |
|  | (0.0221) | (0.124) | (0.0646) | (0.0468) | (0.109) |
| lnfdi | -0.0394 | -0.0571 | -0.0571 | 0.0482 | -0.0140 |
|  | (0.115) | (0.0723) | (0.0623) | (0.0656) | (0.0838) |
| lnpat_ex | 0.606*** | 0.430*** | 0.430*** | 0.535*** | 0.236* |
|  | (0.0594) | (0.0958) | (0.0551) | (0.0701) | (0.135) |
| act | 0.237*** | 0.214*** | 0.214*** | 0.316*** | 0.128 |

续表

| VARIABLES | (1)<br>ols1<br>lnpat_app | (2)<br>fe_robust1<br>lnpat_app | (3)<br>fe1<br>lnpat_app | (4)<br>re1<br>lnpat_app | (5)<br>gmm_1<br>lnpat_app |
|---|---|---|---|---|---|
| Constant | (0.0491)<br>−14.36 | (0.0699)<br>−10.30 | (0.0566)<br>−10.30** | (0.0525)<br>−8.630 | (0.0968)<br>−24.17** |
| Observations | (8.604)<br>186 | (6.165)<br>186 | (4.401)<br>186 | (8.671)<br>186 | (10.94)<br>155 |
| R-squared | 0.962 | 0.673 | 0.673 | | |
| Number of id | | 31 | 31 | 31 | 31 |

注：Robust standard errors in parentheses *** $p<0.01$, ** $p<0.05$, * $p<0.1$，下同。

表8.5显示了在科技成果转化阶段知识产权保护强度和地区经济发展水平对地区创新能力影响的主要计量回归结果。同技术研发阶段一样，在科技成果转化阶段采用混合OLS回归、固定效应模型和随机效应模型分别对式（8.1）进行回归分析。经检验，解释变量的方差膨胀因子（VIF）值均小于10，满足多重共线性的检验要求。在混合OLS回归与固定效应模型比较中，F检验的$p$值小于0.001；同时，通过LSDV法进一步检验存在个体效应，固定效应模型明显优于混合OLS回归。在固定效应模型与随机效应模型比较中，豪斯曼检验统计值为47.09，在1%的统计水平上拒绝了随机效应模型中地区效应与解释变量不相关的原假设，因此，本书选择固定效应模型的回归结果。之后，本书采用系统广义矩估计对式（8.2）进行回归分析，并对工具变量进行过度识别检验以及对扰动项差分进行序列相关检验。过度识别检验统计值为23.9231，接受了所有工具变量不存在过度识别的原假设，表明所有工具变量均有效。一阶序列相关检验统计值为−1.9784，二阶序列相关检验统计值为1.5495，在5%的统计水平上接受了扰动项差分不存在一阶序列相关的原假设，因此，采用系统广义矩估计对式（8.2）进行回归分析是合理的。

表 8.5 技术产品化阶段计量结果

| VARIABLES | (1) ols2 lnnewpro_income | (2) fe_robust2 lnnewpro_income | (3) fe2 lnnewpro_income | (4) re2 lnnewpro_income | (5) gmm_2 lnnewpro_income |
|---|---|---|---|---|---|
| L.lnnewpro_income | | | | | 0.797*** |
| | | | | | (0.0340) |
| ipp | 0.581*** | 0.0865 | 0.0865 | 0.242 | 0.275*** |
| | (0.182) | (0.114) | (0.107) | (0.174) | (0.0755) |
| lngdp | 2.911** | 1.211** | 1.211* | 0.973 | 1.601*** |
| | (1.096) | (0.580) | (0.646) | (0.965) | (0.480) |
| ippgdp | -0.0529*** | -0.00790 | -0.00790 | -0.0217 | -0.0257*** |
| | (0.0168) | (0.0103) | (0.0101) | (0.0159) | (0.00683) |
| lnsup_gov | 0.179** | -0.0701* | -0.0701 | 0.0399 | 0.0175 |
| | (0.0802) | (0.0359) | (0.0470) | (0.0297) | (0.0205) |
| lnopen | 0.0349 | 0.247* | 0.247** | 0.133** | -0.0524*** |
| | (0.0334) | (0.125) | (0.100) | (0.0573) | (0.0109) |
| lnfdi | 0.280 | 0.0768 | 0.0768 | 0.272* | 0.316*** |
| | (0.173) | (0.165) | (0.0965) | (0.149) | (0.0645) |
| lnpat_ex | 0.532*** | 0.165* | 0.165* | 0.390*** | -0.121** |
| | (0.108) | (0.0953) | (0.0852) | (0.0573) | (0.0536) |
| act | 0.253*** | 0.156*** | 0.156* | 0.347*** | 0.0682** |
| | (0.0612) | (0.0492) | (0.0876) | (0.0628) | (0.0314) |
| Constant | -26.13** | -2.670 | -2.670 | -4.271 | -15.42*** |
| | (12.04) | (8.604) | (6.812) | (11.89) | (5.282) |
| Observations | 186 | 186 | 186 | 186 | 155 |
| R-squared | 0.919 | 0.475 | 0.475 | | |
| Number of id | | 31 | 31 | 31 | 31 |

#### 8.3.2.2 回归结果分析

本书基于区域层面企业技术研发和技术产品化过程的视角，重点考察知识产权保护随着经济水平变化对企业创新能力的影响。由于系统广义矩估计考虑了相邻年份创新能力的动态效应，因此，结果分析中以系统广义矩估计为标准，并用混合OLS回归、固定效应模型结果进一步做稳健性验证。

在技术研发阶段，系统广义矩估计结果显示，在不考虑其他因素条件下，知识产权保护对企业创新能力影响显著且系数为正，表明知识产权保护水平上升会显著提升区域在技术研发阶段的创新能力；混合OLS回归、固定效应模型与该结果保持一致。经济发展水平对企业创新能力影响显著且系数为正，表明在不考虑其他因素条件下，随着地区经济发展水平提升，企业在技术研发阶段的创新能力也会进一步提升，固定效应模型与该结果和保持一致。知识产权保护水平和经济发展水平交叉项显著，且系数为负，表明地区经济发展水平增长可以减弱知识产权保护对企业创新能力的正向影响，混合OLS回归、固定效应模型与该结果和保持一致。根据系统广义矩估计，当人均地区生产总值的对数低于10.994时，知识产权保护对企业创新的影响为正；当人均地区生产总值的对数高于10.994时，知识产权保护对企业创新的影响为负，即10.994为我国各地区当前知识产权保护情况下最适合的经济水平点；在混合OLS回归、固定效应模型中，其对应的具体数值为11.379和11.202。为结果的稳健性考虑，取三者的均值11.192为最适经济点进行分析；经济发展水平高于最适经济点的地区加大知识产权保护力度将对创新没有促进作用，经济发展水平低于最适经济点的地区加大知识产权保护力度将对创新产生促进作用。2017年的31个样本地区人均地区生产总值对数的平均值为10.934，其中23个地区的人均地区生产总值对数低于11.192，只有北京、上海、天津、江苏、浙江、福建、山东和广东的人均地区生产总值对数高于11.192。因此，对于大部分地区而言，加强知识产权保护会显著提高区域在技术研发阶段的创新能力。

在技术产品化阶段，系统广义矩估计结果显示，在不考虑其他因素条件下,知识产权保护水平对创新能力影响显著且系数为正,表明知识产权保护水平上升会显著提升区域在技术成果阶段的创新能力;混合 OLS 回归与该结果和保持一致。经济发展水平对创新能力影响显著,且系数为正,表明在不考虑其他因素条件下,随着地区经济发展水平提升,各区域在技术研发阶段的创新能力会进一步提升,混合 OLS 回归、固定效应模型与该结果和保持一致。知识产权保护水平和经济发展水平交叉项显著,且系数为负,表明地区经济发展水平增长可以减弱知识产权保护水平对创新能力的正向影响,混合 OLS 回归与该结果和保持一致。根据系统广义矩估计,当人均地区生产总值的对数低于 10.700 时,知识产权保护水平对企业创新的影响为正;当人均地区生产总值的对数高于 10.700 时,知识产权保护水平对企业创新的影响为负,即 10.700 为我国各地区在当时知识产权保护水平下最适经济点;在混合 OLS 回归、固定效应模型中,其对应的具体数值为 10.983 和 10.949。为结果的稳健性考虑,取三者的均值 10.877 为最适经济点进行分析。2017 年的 31 个样本地区人均地区生产总值对数的平均值为 10.934,其中 19 个地区的人均地区生产总值对数低于 10.877,只有北京、上海、天津、江苏、浙江、福建、山东、广东、内蒙古、重庆、湖北和陕西的人均地区生产总值对数高于 10.877。因此,对于大部分地区而言,加强知识产权保护会显著提高区域在技术成果阶段的创新能力。

综合各地区在技术研发阶段和技术产品化阶段,系统广义矩估计结果显示,知识产权保护在技术研发和技术产品化阶段的影响系数分别为 0.365 和 0.275,说明知识产权保护水平对于技术研发阶段的影响力强于技术产品化阶段。知识产权保护水平和经济发展水平交互项在技术研发和技术产品化阶段的影响系数分别为 -0.0332 和 -0.0257,说明知识产权保护水平和经济发展水平交互作用对于技术研发阶段的影响力强于技术产品化阶段;经济发展水平在技术研发和技术产品化阶段的影响系数分别为 2.036 和 1.601,说明经济发展水平对于技术研发阶段的影响力小于技术产品化阶段。考虑到知识产权保护水平和经济发展水平双重因素的交互影响,北京、上海、天津、江苏、浙江、福建、山东和广东地区加强知识产权保护将不会进一步增强企业创新能力;内蒙古、重庆、湖北和陕西地区适度加强知识产权保护将增强企业创新能力；而除上述经济发展水平比较高的地区之外，大部分地区还需进一步加强知识产权保护水平以增进地区创新能力。

## 8.4 外界环境对于国有企业绩效的影响

有学者提出，影响国有企业和民营企业创新发展的外部因素有所差别。冯根福等（2021）认为，相比于国有企业和非高新技术行业企业，金融发展水平对民营企业和高新技术行业企业技术创新的影响表现得更为重要；而在国有企业和非高新技术行业企业技术创新中，地区产业结构则更为关键。巩雪（2021）的实证研究表明国有企业的发展情况和政府的政治管理更为密切，一般情况下，非国有企业面临的竞争环境更为激烈，对经济环境变化的反应更为敏感。因此，非国有企业比国有企业更倾向于进行周期短、容易获取的创新（顾夏铭 等，2018）。宏观经济的不确定性会影响上市公司的盈余管理程度，对于非国有企业更是如此（黄孝武 等，2021）。因此，外部环境对于企业创新的影响会因为企业产权的不同而有差距。为了更准确地分析各外部环境因素对于国有企业绩效的影响，本书基于国泰安（CSMAR）数据库中省级国有企业及国有控股工业企业、省级民营工业企业数据，依次进行实证分析，验证知识产权环境、地区经济发展水平、地区开放程度、政府支持力度、外商直接投资、企业营商氛围、人力资本共计七个外界环境要素对于企业绩效影响的异质性。企业绩效用企业主营业务收入代表，数据来源于国泰安数据库中的区域经济数据库。

### 8.4.1 计量回归结果

表 8.6 显示了外部环境对国有企业和非国有企业绩效的影响的主要计量回归结果。本书采用混合 OLS 回归分别验证外部环境因素对于国有企业、非国有企业的绩效影响。

表8.6 外部环境对国有企业和非国有企业绩效的影响

| VARIABLES | (1)<br>ols_01<br>SOEs | (2)<br>ols_02<br>non-SOEs |
| --- | --- | --- |
| ipp | 89.74** | −214.7 |
|  | (35.27) | (260.4) |
| lngdp | 4962** | 25916 |
|  | (2131) | (18952) |
| lnopen | −100.7 | −394.0 |
|  | (209.1) | (1552) |
| lnsup_gov | 125.1 | −4641** |
|  | (355.9) | (1851) |
| lnfdi | −345.1 | −6091 |
|  | (760.0) | (5328) |
| act | −372.4 | 4187* |
|  | (442.7) | (2133) |
| lnpopulation | 3456*** | 20174** |
|  | (1163) | (9125) |
| Constant | −74054*** | −300623* |
|  | (22862) | (173885) |
| Observations | 186 | 186 |
| R-squared | 0.698 | 0.125 |

## 8.4.2 外界环境对企业绩效影响的异质性

混合OLS回归结果显示（见表8.6），列（1）表示国有企业的回归结果，列（2）表示民营企业的回归结果，可以发现影响国有企业和民营企业绩效的关键外界环境因素有所不同。其中，影响国有企业绩效的关键外界要素有知识产权保护水平、地区经济发展水平、人力资本数量，这些要素的提升对国有企业绩效均有显著的正向激励作用；影响民营企业绩效的关键外界要素有政府研发补贴、企业营商氛围、人力资本数量，企业营商氛围、人力资本数量的提升对民营企业绩效有正向激励作用,政府研发补贴的增加在一定程度上影响了民营企业绩效。可以发现,加强知识产权保护对于国有企业的绩效有显著促进作用,而对于民营企业的绩效影响并不显著;地区经济发展水平对于国有企业的绩效有显著促进作用,而对于民营企业的绩效影响并不显著;人力资本数量提升对于国有企业、民营企业的绩效均有正向促进作用;在某些情况下,政府补贴对于民营企业的绩效有显著影响,而对于国有企业的绩效影响并不显著;企业聚集程度高对于民营企业的绩效有显著促进作用,而对于国有企业的绩效影响并不显著。

该结果表明,影响国有企业和民营企业绩效的关键外界环境因素既有相同的因素,又有不同的因素。基于上述结果,可以发现:第一,人力资本对于国有企业和民营企业的发展都极为重要,各地区若想促进企业的发展,应当广泛引进人才,吸引外来人口的流入;第二,加强知识产权保护对于国有企业的绩效有显著的正向激励作用,而对于民营企业没有显著影响,这表明国有企业的自主创新能力比较强,更加注重高质量的技术创新工作;第三,企业营商氛围对于民营企业的发展极为重要,民营企业一般规模较小,经验模式较为灵活,企业所在供应链上下游之间的合作耦合关系对于民营企业的发展非常重要;第四,在某些情况下,政府研发补贴对于民营企业的绩效有所影响,但能激励企业的研发,这说明政府补贴在一定程度上影响了市场关系,虽然能鼓励企业对研发投入的增加,但是短时间内不能促进民营企业的发展,政策的影响效果需要长期的验证。

## 8.5 小结

本章主要研究外界环境对于国有企业科技成果转化的影响,包括外界环境对于企业技术研发阶段、技术产品化阶段的影响机制研究,以及外界环境对于国有企业和民营企业绩效影响的异质性。基于研究结果,提出对于国有企业科技成果转化工作有积极促进影响的政策建议。

为了具体实证分析外界环境因素对于企业创新的影响,本章建立了知识产权保护水平和经济发展水平对区域技术研发和技术产品化过程的影响机理，并在2012—2017年31个省份面板数据的基础上，采用混合OLS回归、固定效应模型和系统广义矩估计对知识产权保护水平和经济发展水平对企业创新的影响进行了回归分析。研究主要得到以下结论：加强知识产权保护对企业创新具有显著的正向影响，地区经济发展水平和知识产权保护水平的交互作用显著且为负；在两个阶段的创新中，知识产权保护水平、知识产权保护水平与地区经济发展水平交互作用在技术研发阶段的影响力强于技术产品化阶段；从我国各地区知识产权保护水平来看，对于知识产权保护强度较高的地区，如北京、上海、天津、江苏、浙江、福建、山东和广东，进一步加大知识产权保护将不会提升企业创新能力；对于知识产权保护强度处于中等水平的地区，如内蒙古、重庆、湖北和陕西，适度加强知识产权保护将提升企业创新强力；而除上述地区之外，大部分地区还需进一步加强知识产权保护水平以提升企业创新能力。

上述研究表明，加大知识产权保护力度以促进企业创新的政策对于我国大部分地区行之有效；但随着经济的不断发展，仅加强知识产权保护对我国经济发展水平较高的地区并不能进一步提升企业创新能力；在企业创新政策制定中，要强调知识产权保护水平与地区经济发展水平的相适性。需要进一步说明的是，本书知识产权保护强度指数的构建建立在我国各地区司法保护和行政保护状况之上，我国各地区知识产权保护水平反映了我国知识产权维权意识的增强，代表着社会公众对知识产权制度的认可与接受。本书的结论指出，如北京、上海、天津、江苏、浙江、福建、山东和广东等知识产权保护水平较高的地区，进一步加大知识产权保护力度不会提升企业创新。这在一定程度上反映了过多的知识产权纠纷将不利于企业创新能力的提升。

此外，外界环境因素对于国有企业和民营企业的影响具有显著差异。首先，人力资本对于国有企业和民营企业的发展，都极为重要，各地区若想促进企业的发展，应当广泛引进人才，吸引外来人口的流入。其次，为了提高我国企业的自主创新能力，保障创新者权益，需要结合地区经济发展水平，加强知识产权保护力度。再次，企业营商氛围对于民营企业的发展极为重要，民营企业一般规模较小，经验模式较为灵活，需要考虑地区的产业集聚和产业结构的协同发展，进一步促进企业发展。最后，政府研发补贴对于民营企业的绩效有所影响，政府补贴政策的影响效果需要长期的验证。

# 第9章 国有企业科技成果转化的知识网络分析

前述章节从宏观层面对国有企业科技成果转化的目标定位、政策制度创新、技术管理创新、管理体制创新、外部环境创新进行了研究。本章将从微观个体层面对国有企业科技成果转化进行知识网络分析。具体而言，本章以中国航空工业集团有限公司（以下简称航空工业）为例，结合科技成果转化的知识网络理论，研究大型国有企业在科技成果转化管理上的基本情况，分析其创新之举和不足之处，为科技成果转化的知识网络理论应用提供现实的案例，也为国有企业科技成果转化的管理创新提供实践依据和路径。

基于理论抽样原则，本书选择航空工业为研究对象。首先，航空工业自2009年起连续十几年进入《财富》杂志公布的"《财富》全球500强"榜单，科技创新实力强，创新资源丰富，具有影响力和代表性。数据显示，2021年航空工业拥有88个实验室与研究应用中心，累计拥有有效专利35650件，年度产学研合作工作项目达51项。其次，航空工业在2020年4月入选国资委"科改示范企业"名单后，积极推动科技体制改革，科技成果转化的管理创新活动和实践成绩突出，走出了加速推进国有企业科技成果转化的实施路径，具有推广示范性。最后，航空工业的科技成果转化实践被多家主流媒体报道，本书研究组与航空工业相关业务主管部门开展过多次沟通交流，具备充分的研究基础。

## 9.1 案例基本信息描述

航空工业是中央管理的国有特大型企业。航空工业下辖100多家成员单位，拥有23家上市公司，员工人数超过45万，在全国拥有近200家子公司（分公司），在海外拥有100多个驻外机构；为我国以及亚太、欧美和非洲等180多个国家和地区提供众多军民领域产品和服务，包括航空产品研发、制造、航空运输服务、新能源、重型机械、特种车辆以及电子信息等方面。2019年，航空工业营业总收入4618亿元，考核净利润223.1亿元，经济增加值61.7亿元，连续11年进入"《财富》全球500强"。

航空工业科技创新实力强，创新资源丰富。航空工业拥有国内乃至世界一流的大型科研试验设备和设施，凝聚着一大批知名院士、总设计师和工程技术专家。航空工业是中国航空事业的中流砥柱，为中国乃至世界输送源源不断的航空科技成果以及科研产品与服务。作为中国军民用航空装备的主要研制企业，航空工业自主创新活跃，科研成果丰硕，科研水平占据行业领先地位，是世界上独特的可以全系列研发各型航空器、航电系统、机电系统等全品产业链，并能实现完全自主保障的公司，具有较强的自主创新能力。2017—2021年，航空工业各项创新资源的指标如表9.1所示。截至2021年底，航空工业拥有88个实验室与研究应用中心，累计拥有专利数量35650件。航空工业推进产学研合作项目呈稳步增长状态，获得多项科研奖项（国防奖/集团奖）。

表9.1 航空工业创新资源指标

| 指标 | 2017年 | 2018年 | 2019年 | 2020年 | 2021年 |
| --- | --- | --- | --- | --- | --- |
| 实验室与研究应用中心/个 | 75 | 76 | 77 | 80 | 88 |
| 国防科技重点实验室/个 | 7 | 7 | 7 | 6 | 7 |
| 航空科技重点实验室/个 | 38 | 39 | 39 | 41 | 41 |
| 技术创新中心/个 | 7 | 7 | 7 | 7 | 8 |
| 国家级企业技术中心/个 | 23 | 23 | 24 | 26 | 32 |

续表

| 指标 | 2017年 | 2018年 | 2019年 | 2020年 | 2021年 |
| --- | --- | --- | --- | --- | --- |
| 申请专利数量/件 | 8184 | 10295 | 11033 | 11185 | 11652 |
| 累计拥有专利数量/件 | 16275 | 20712 | 27436 | 35352 | 35650 |
| 产学研合作工作项目/个 | 86 | 36 | 29 | 27 | 51 |

数据来源：中国航空工业集团有限公司。

航空工业积极进行科技成果转化的推动。2019年，航空工业结合实际，制定完善成果转化、预研立功、预研奖酬、创新专项等多项管理制度，推进了创新驱动机制建设，对多项典型科技成果转化项目给予分红激励，建立了一支拥有资格认证的技术转移经理人队伍。此外，航空工业以打造"双创升级版"为契机，聚焦双创平台能力升级，着力提升双创平台资源集聚能力；依托"中航爱创客"等平台，通过线上线下协同，对接内外部创新需求，深度孵化、赋能、培育一批中小企业，促进大中小企业融通创新发展。同时，航空工业聚焦创新支撑能力升级，着力提升转化应用能力；通过开展联合研发，强化与中央企业、科研机构、高校院所的创新合作，通过组织产业对接、双创大赛、创新训练营、技术经纪人培训等，激发内部创新潜力，推动航空技术转移转化应用。

航空工业多次开展科技成果转化的管理创新升级。航空工业各成员单位的发展情况和业务特点各不相同，为掌握各单位科技成果转化需求，了解科技成果转化痛点、难点，航空工业先后开展两轮问卷调查和实地调研，梳理出制约集团公司实施科技成果转化的共性问题。与此同时，深入开展国内外科技成果转化政策研究，完善相关的政策制度，加强运营机制的支持。通过管理上的创新升级，航空工业科技成果转化工作取得显著成效。

## 9.2 科技成果转化成效

### 9.2.1 探索出央企科技成果转化实施路径

航空工业摸索出科技成果转化创新管理机制，从中央管辖的国有大型企业约束条件入手,将企业的自身问题和困境进行了彻底的剖析。在制度层面,通过提出"五步法"模型、发布指导意见和管理办法,保障了科技成果转化工作运行流畅,在开展科技成果转化过程中有政策依据和制度保障;在操作层面,编制奖励申请、审查要点等系列程序文件,模型、流程清晰明确,内控管理文件合理、有效,彻底打通国有企业对科技人员实施科技成果转化奖励的流程和路径。至此,航空工业探索出适合大型国有企业科技成果转化的实施路径,为其他国有企业开展科技成果转化提供了参考经验。

### 9.2.2 形成了以增加知识价值为导向的分配激励机制

2017年以来,航空工业科技成果转化奖励按照国有科技型企业中长期激励政策落地实施,在单位和科技人员当中产生了巨大的反响,在现有科技人员绩效薪酬的基础上,将科技创新所带来的经济效益直接体现到奖励报酬上,使科技人员做出的贡献真正得以显现,直接反映了知识价值的意义,形成知识创造价值、价值创造者得到合理回报的良性循环,激发了广大科技人员的积极性、主动性、创造性。各单位在现有薪酬体系的基础上,单独为科技成果转化奖励设立科目,促进了航空工业"三元"薪酬结构(稳定提高基本工资、加大绩效工资分配激励力度、落实科技成果转化奖励)的形成,在航空工业内部营造出尊重劳动、尊重知识、尊重人才、尊重创造的氛围,以增加知识价值为导向的分配激励机制逐渐形成,为科技创新体制的改革和完善做出了有益的补充。航空工业对岗位分红、项目分红、股权激励等中长期激励工作持续推进,扩大集团科技类企业股权激励和分红激励及上市公司股权激励的覆盖面。

### 9.2.3 加速技术存量转化为经济发展增量

航空工业长期以来致力于研制军用飞机,在军用飞机的科研生产过程中积累了近万项高水平科技成果。在军民融合发展战略的指导下,具有自主知识产权的军用飞机专用技术成功转化至民用飞机领域,自主研制了AG600大型水陆两栖飞机,系列化发展了"新舟"支线飞机、全力支持了C919大型客机和ARJ21新支线飞机发展;航电、机电、材料、制造等军用飞机通用技紧密围绕国家战略性新兴产业，成功转化到轨道交通、建筑等民用领域，释放了科技创新的内生动力，实现了已有技术存量转化为经济发展增量。国防科技创新成果在实现为军服务的同时，转化到民用道路桥梁工程领域，在港珠澳大桥工程中突破海底沉管对接技术瓶颈，打破国外技术封锁，在给航空工业带来丰厚的合同收入的同时，为国家节省了大量外汇。科技成果转化机制的形成与实践打破了长期以来横亘在科技与经济之间的藩篱，实现了科研能力与产业需要的有机衔接，成为航空武器装备研制生产主业发展的有益补充，形成航空工业经济发展的新模式，加速技术存量转化为经济发展增量。

## 9.3 科技成果转化实践

### 9.3.1 构建科技成果转化制度体系

航空工业科技成果转化主管部门相继出台《中国航空工业集团公司实施科技成果转化指导意见（试行）》和《中国航空工业集团有限公司科技成果转化管理办法》，指导和规范集团科技成果转化相关工作，其他相关部门也相继出台了《中国航空工业集团公司中长期激励暂行办法》《军民融合产业拓展行动指南》《加强产学研合作落实军民融合指导意见》《关于集团公司金融产业进一步促进实体产业改革发展的指导意见》等一系列制度文件，在全集团范围内建立了以增加知识价值为导向的分配激励机制和尊重科学、尊重科研人员的良好氛围，形成了科技成果转化的良好生态。各成员单位在集团科技成果转化相关制度的基础上，根据自身发展模式和业务种类，编制符合本单位实际的科技成果转化相关制度，指导本单位成果转化的实施落地。

由此，航空工业完成了科技成果转化制度体系的构建，保障了集团公司科技成果转化的有效落地，促进了集团公司科技成果转化工作规范运行，激发了广大科技人员的创新活力和创造潜能，形成了科研人员积极探索、勇于尝试的良好氛围，为推动航空工业科技成果转化的快速发展铺平了道路，奠定了坚实的制度保障体系基础。

## 9.3.2 建设技术转移信息平台

为了搭建科技成果转化和科技服务供需双方多渠道、多角度、多方式交流平台,实现需求与服务的有效衔接,充分解决科技成果转化和科技服务领域信息不对称的问题,航空工业多措并举,建设线上、线下相结合的科技成果转化平台。在线下方面,航空工业专门设立军民融合技术转移中心,开展集团公司科技成果转化战略、规划研究,撮合技术供给方、技术需求方及资本方对接,提供科技成果转化政策咨询。与此同时,航空工业积极推进"航空果园"微信公众平台、"融融网"和"爱创客"三大线上平台建设。"航空果园"微信公众平台主要负责科技成果转化相关政策法规跟踪解读,重点科技成果转化项目发布,通过该平台向社会发布集团科技成果信息,提供科技成果的需求对接、交易撮合等服务;"融融网"作为军民两用技术的综合服务平台,致力于打造军民融合互联网生态,实现数据资源的互联互通,已经将集团多项成果发布在该网站进行展示;"爱创客"是航空工业构建的中国首个大型产业互联创新创业平台,该平台构建开放式创业生态系统,解决创新创业要素互联互通问题,打造产、学、研、用、融等一体化、全方位创新体系,打通产学研协同创新合作机制和商业机制,实现航空工业和其他行业的协同发展、跨界融合。通过线上、线下平台相互协同的机制,航空工业已初步形成集科技成果发布、咨询服务、产业协同等要素为一体的行业性技术转移综合平台。

## 9.3.3 加强人才培养与人才激励

科技成果转化最核心的要素是人才。科技成果转化专业人才缺失及能力不足的问题,是我国存在的普遍性问题,制约着科技成果转化工作的全面有效开展。航空工业采取内外部相结合的方式进行人才队伍的培养,打造了一批技术经理人队伍。在外部培养方面,借助外部专业化的培训机构,进行技术经理人资格的培养认证,并积极探索集团内外部技术经理人资质互认的模式;在内部培养方面,航空工业组织技术转移经理人培训班,针对集团公司各单位普遍存在的能力短板设计培训课程,课程包括技术转移理论方法、实务和成功案例等内容。通过技术经理人的培训认证，航空工业建立了科技成果转化人才的培养机制。

为了调动科研人员积极性，航空工业建立了科技成果转化工作的考核及激励机制。一方面，航空工业将科研投入及科技成果转化列入各单位考核及监控项，同时发布集团公司年度科技工作要点，要求各单位加大科技创新资源投入，实施集团公司科技创新工程。另一方面，航空工业对科研人员实施中长期激励。转化人员激励在单位工资总额中单列，不受单位年度工资总额的限制。在科技成果转化考核及激励机制的引导下，航空工业各科研院所正在逐步形成"科研—转化—收益—科研再投入"的良性循环。

### 9.3.4 拓宽科技成果转化模式

航空工业各成员单位积极采取自行投资实施转化、转让、许可、与他人合作实施转化、作价投资等多种方式开展科技成果转化工作。自行投资实施转化方式主要集中在航电、机电、元器件、试验检测、材料、工艺等技术领域，转化去向包括船舶、兵器、电子、航天等军工领域及民航、高校、民营企业等民用领域。中国航空制造技术研究院与中国航空无线电电子研究所充分利用国企混合所有制改革的试点政策，采取作价入股的方式，成立科技成果转化公司，试点员工持股，实现作价入股收入。中国特种飞行器研究所通过转让科技成果的方式实现转让收入；中国航空工业集团公司沈阳飞机设计研究所和宝胜集团有限公司等单位通过许可专利及科技成果的方式实现许可收入；航空工业昌河飞机工业（集团）有限责任公司与其他企业合作实施转化，实现转化收入。航空工业通过多种转化方式实现了科技成果的落地实施，最大限度实现了技术存量转变为经济发展增量。

### 9.3.5 推动技术与资本要素融合

航空工业在型号研制、生产的过程中积累了大量的创新技术与成果，但是这些科技成果想要转化到其他行业还需要大量的研究开发与中试工作，这其中需要一定数量的资本投入。外部投资机构由于对军工系统相关技术成果了解较少，所以对于早期项目的投资意愿较低，容易导致相关科技成果失去产业化的好时机。面对这样的现状，针对科技成果转化需要基金扶持的现状，航空工业通过深入研究市场通用的科技成果转化投入模式，成立了融富基金。该基金为技术成熟度不高的科技成果提供了继续研究开发和中试的支持，使得有市场应用价值的科技成果度过"死亡之谷"，实现应用价值。通过科技与金融的有效融合，航空工业助推集团公司科技成果转化的顺利开展。

## 9.4 科技成果转化的知识网络分析

基于航空工业的科技成果转化实践，利用知识网络系统对其科技成果转化的管理创新进行分析。根据科技成果转化知识网络的六个要素构成与连接关系，航空工业的科技成果转化管理工作主要在于以下几个方面。

### 9.4.1 要素构成分析

第一，在信息要素层面，促进科技成果转化的信息交流。搭建科技成果转化和科技服务供需双方多渠道、多角度、多方式交流平台，实现需求与服务的有效衔接，解决信息不对称的问题。在线上，设立军民融合技术转移中心，开展科技成果转化战略、规划研究，撮合技术供给方、技术需求方及资本方对接，提供科技成果转化政策咨询。在线下，推进"航空果园""融融网"和"爱创客"三大线上平台建设，进行政策法规跟踪解读、科技成果转化项目发布等。

第二，在技术要素层面，加强技术培育孵化和技术优化管理。结合实际情况，采取自行投资实施转化、转让、许可、与他人合作实施转化、作价投资等多种方式开展科技成果转化工作，探索作价入股的转化方式，成立科技成果转化公司。此外，开拓应用市场，促进军民两用技术的使用。航空工业将自主知识产权的军用飞机专用技术成功转化至民用飞机领域，将航电、机电、材料、制造等通用技术，转化到轨道交通、建筑等民用领域。

第三，在资本要素层面，建立成果孵化专项基金。面对研制、生产过程中积累的技术成果无法直接产业化的现象，以及进一步研究开发和中试过程需要大量资本投入的问题，航空工业通过深入研究市场通用的科技成果转化投入模式，成立了融富基金，为科技成果转化的再研发和中试等环节提供资金保障，从而促进科技成果的成熟孵化，助推科技成果转化的顺利开展，提高科技成果的利用效率。

第四，在组织要素层面，出台文件规范保障成果转化。一方面，出台《中国航空工业集团公司实施科技成果转化指导意见（试行）》和《中国航空工业集团有限公司科技成果转化管理办法》，指导和规范集团科技成果转化相关工作。另一方面，出台《中国航空工业集团公司中长期激励暂行办法》《军民融合产业拓展行动指南》《加强产学研合作落实军民融合指导意见》《关于集团公司金融产业进一步促进实体产业改革发展的指导意见》，激发科技成果转化人员的创新活力，保障科技成果转化的全流程管理。

第五，在人力资本要素层面，加强人才的培养激励。在人才培养方面，汇聚大批知名院士、总设计师和工程技术专家。此外，采取内外部相结合的方式进行转化专业人才的培养，打造一批技术经理人队伍，建立科技成果转化人才的培养机制。在人才激励方面，形成了以增加知识价值为导向的分配激励机制，对科技成果的科研人员、转化人才实施中长期激励。单独为科技成果转化奖励设立科目，促进了"三元"薪酬结构（稳定提高基本工资、加大绩效工资分配激励力度、落实科技成果转化奖励）的形成。

第六，在外部环境要素层面，积极响应国家政策。航空工业贯彻落实国家战略方针，推动自主创新，深化企业改革，做强做优做大航空主业，持续提高核心竞争力。依法对所属单位行使出资人权利，对其资产进行经营、管理和监督，承担保值增值责任。负责对国家武器装备、民用航空器等重大项目实施系统工程管理，拓展航空高新技术应用，带动相关产业技术进步。

综上所述，航空工业在科技成果转化知识网络六种要素上的管理创新具体做法如表9.2所示。从科技成果转化的知识网络分析，航空工业科技成果转化管理的主要创新点在于：搭建线上线下的信息交互平台；开拓技术的军民领域应用市场；建立保障研究开发与中试费用的融富基金；加强对人才的培养和激励；规范科技成果转化全流程的管理和运营。这一系列措施为科技成果转化的推动提供了重要保障。

表 9.2 基于知识网络的科技成果转化管理创新分析

| 分析要素 | 创新点 | 具体做法 |
|---|---|---|
| 信息要素 | 促进科技成果转化的信息交流 | 设立军民融合技术转移中心，开展科技成果转化战略、规划研究，推动技术供需双方及资本方对接。推进"航空果园""融融网"和"爱创客"三大线上平台建设，进行政策法规跟踪解读、科技成果转化项目发布 |
| 技术要素 | 加强技术培育孵化和技术优化管理 | 采取自行投资实施转化、转让、许可、与他人合作实施转化、作价投资等多种方式开展科技成果转化工作，探索作价入股的转化方式，成立科技成果转化公司；开拓应用市场，促进军民两用技术的多场景使用 |
| 资本要素 | 建立成果孵化专项基金 | 通过深入研究市场通用的科技成果转化投入模式，成立了融富基金，为科技成果转化的再研发和中试等环节提供资金保障 |
| 组织要素 | 出台文件规范保障成果转化 | 出台指导意见和管理办法，指导和规范集团科技成果转化相关工作；出台长期激励办法、军民融合发展的指导意见等，激发科技成果转化人员的创新活力，保障科技成果转化的全流程管理 |
| 人力资本要素 | 加强人才的培养激励 | 采取内外部相结合的方式进行转化专业人才的培养，打造技术经理人队伍，建立科技成果转化人才的培养机制；在人才激励方面，形成以增加知识价值为导向的分配激励机制，对科技成果的科研、转化人才实施中长期激励 |
| 外部环境要素 | 积极响应国家政策 | 贯彻落实国家战略方针，推动自主创新，深化企业改革，对国家武器装备、民用航空器等重大项目实施系统工程管理，拓展航空高新技术应用，带动相关产业技术进步 |

## 9.4.2 要素相互关系分析

### 9.4.2.1 技术与信息的融合维度

为实现需求与服务的有效衔接，航空工业建设线上线下相结合的科技成果转化服务平台，充分解决科技成果转化过程中的信息不对称问题。一方面，航空工业设立技术转移中心，提供科技成果转化战略规划、政策咨询等服务，促进技术供给方、技术需求方及资本方对接。另一方面，航空工业积极推进"航空果园"微信公众平台、"融融网"技术服务平台和"中航爱创客"工业科技创新创业服务平台等线上平台建设。"航空果园"微信公众平台主要提供政策法规宣贯解读、重点技术项目发布、科技成果供需交易对接等服务;"融融网"技术服务平台致力于打造全方位的行业互联网生态、实现数据资源的互联互通;"中航爱创客"工业科技创新创业服务平台通过构建开放式创业系统,解决创新创业要素互联互通问题,打造产学研用等一体化、全方位创新生态体系,实现航空工业和其他行业的协同发展、跨界融合。总之,通过线上线下平台相互协同的机制,航空工业已初步形成集科技成果发布、科技咨询服务、产业协同发展等多要素一体化的行业性技术转移综合平台。

综上所述,在技术与信息的融合维度,要充分实现科技成果转化的信息交互,可通过线上线下搭建科技成果转化服务类平台,促进科技成果转化供需方多渠道、多角度、多方式对接交流,打造多主体、多行业、多资源协同合作的科技成果转化服务平台体系。

### 9.4.2.2 技术与资本的融合维度

技术成熟度不高已成为影响科技成果转化效率的重要因素。面对大批科技成果的转化实施需要进一步研究开发的现实情况,航空工业成立融富基金,为技术成熟度不高的科技成果提供培育孵化资金支持。航空工业在型号研制、生产的过程中积累了大量科技成果,但是这些科技成果在产业化前还需要大量的研究开发与中试工作,技术的培育孵化需要进一步资本投入。外部投资体系对于成熟度较低的科技成果投资意愿较低,尤其对于军工系统相关技术成果了解较少,很难引进外部资金支持。面对科技成果转化需要基金扶持的现状,航空工业深入研究市场通用的科技成果转化投入模式,成立了融富基金,为技术成熟度不高的科技成果提供继续培育孵化支持,助力有市场前景的科技成果转化应用。在具体管理和使用中,融富基金不仅为项目提供研发孵化必要资金支持,同时开启赋能式的股权投资,完善科技型企业治理和经营,在战略合作引进和潜在市场拓展上发挥重要作用。

可以发现,在技术与资本的融合维度,要实现科技与资本的有效融合,可以建立专项的成果转化支持基金,通过技术合作新模式的探索培育新动能,保障科技成果转化全流程的资金畅通和高效利用,从而助推不同成熟度等级的科技成果顺利产业化落地。

### 9.4.2.3 技术、信息、资本的融合维度

不同科技成果的转化,需要结合科技成果的实际情况,采取相适应的转化方式,基于信息和资本融合的基础上实现技术的优化管理,方能发挥现有技术的最大应用潜能。在成果转化实践中,航空工业针对不同科技成果采取多种转化方式开展科技成果转化工作。比如,对于航电、机电、元器件、材料等领域的科技成果采用自行投资转化的实施方式,积极开拓潜在应用市场,成功应用于船舶、电子、航天等军工领域和民航等民用领域。同时,航空工业积极响应国有企业混合所有制改革试点政策,成立科技成果转化公司,通过作价入股的方式促进成果转化,并试点了员工持股,完成作价入股收益发放。此外,航空工业组织"科技+金融"推进大会,致力于构建"科技+金融+市场"的生态环境;面向装备全生命周期管理,提出"创新平台及主体+创新网络+创新生态"的新时代航空科技创新体系。总之,航空工业结合科技成果特点,最大化融合信息和资本要素,采取多种转化方式推动科技成果的转化实施,通过多要素优化统筹实现技术能量释放。

不难看出,在技术、信息、资本的融合维度,要根据科技成果本身特点,通过多种转化方式促进技术要素与信息要素、资本要素的对接。科技成果转化本质上是一种市场行为,科技成果的市场价值、供需实现、投入产出等有别于一般商品,各流程紧密关联,更需要全流程、多方式、体系化的优化管理。

### 9.4.2.4 组织对整个网络的管理维度

有效的组织管理模式对科技成果转化活动影响重大。面对日益复杂的经济社会环境,企业需要调整自身的组织结构,进行组织管理的调整和创新,以实现管理运营的高效性、竞争力和可持续性。为保障科技成果转化的顺利推动,航空工业从制度建设、模式创新、实施激励、平台建设、人才培养五个方面系统谋划,出台《中国航空工业集团公司实施科技成果转化指导意见》

和《中国航空工业集团有限公司科技成果转化管理办法（试行）》，在顶层设计上一体化推动科技成果转化工作。在具体工作落实上，航空工业创新性地提出"建清单、选方式、定比例、做转化、兑奖酬"五步实施法模型，从制度层面保障科技成果转化工作运行流畅；针对转化项目遴选、转化方式选择、收益比例确定、转化实施过程、转化收益发放等各环节提供全过程操作指南，彻底打通国有企业对科技人员实施科技成果转化奖励的流程和路径，为促进科技成果转化奠定了坚实的制度保障体系基础。由此，航空工业完成科技成果转化制度体系的初步构建，保障了科技成果转化工作规范运行，激发出广大科技人员的创新活力和创造潜能，为推动科技成果转化的快速发展建立了现实路径。

由此看出，在组织对整个网络的管理维度，最重要的是科学合理的规章制度设计，在顶层设计上系统谋划工作推进，让科技成果转化工作做到有章可依、有路可走，保障相关工作规范流畅运行，同时通过分配激励机制激发广大科技人员的创新活力和创造潜能，从而形成促进科技成果转化的良好生态。

#### 9.4.2.5 人力对整个网络的支撑维度

科技成果转化最核心的要素是人才。科技成果转化专业人才缺失及能力不足的问题，是我国存在的普遍性问题，制约着科技成果转化工作的全面有效开展。为此，航空工业针对科技成果转化建设培育专业人才，采取内外结合的方式培养专业人才，打造一批技术经理人队伍。在外部培养方面，依托外部专业化培训机构开展技术经理人培养认证，并积极推进技术经理人资质互认；在内部培养方面，航空工业专设技术转移经理人培训班，提高科技成果转化团队的能力短板，从而建立科技成果转化专业人才的培养机制。此外，航空工业通过多种方式吸引、保留和激励核心骨干人才，调动科研人员科技成果转化的积极性，比如建立科技成果转化工作的考核及激励机制，将科研投入、成果转化等列入年度考核指标；出台中长期激励总体方案，激发人才创新创造活力；出台容错纠错办法，为创新工作"松绑减负"等。

由此可见，在人力对整个网络的支撑维度，应通过人才培养或人才引进建立强有力的支撑团队,并通过激励和考核机制充分发挥人才的主动创造性,形成以增加知识价值为导向的分配激励机制,并对科技成果的科研人员、转化人才实施中长期激励,从而激发人才创造的动力和活力。

#### 9.4.2.6 环境对整个网络的影响维度

环境因素对于企业科技创新活动有显著的影响(何丽敏 等,2019),企业所处的外部环境因素可直接作用于企业创新过程(Moultrie et al.,2007)。因此,国有企业科技成果转化活动应根据外部环境及时进行自我调整。航空工业积极响应国家创新驱动发展战略,用好用活科技成果转化政策,建立以增加知识价值为导向的分配机制,实施中长期激励、三元薪酬结构等措施激发科研人员创新积极性,加快科技创新型企业建设。按照我国中长期规划要求,航空工业聚焦航空装备制造业发展,积极推动科技成果的军民双向转化应用,紧密围绕国家新兴产业战略部署,促进技术的汇聚、整合和升级,实现国有企业技术创新资源的带动和辐射,在服务我国经济高质量发展和实现科技自立自强上发挥示范作用。

综上所述,在环境对整个网络的影响维度,国有企业应根据外部环境的变化及时进行自我调整。对于科技成果转化活动,国有企业应贯彻落实国家对于创新发展的各项指示要求,用足用好国家的创新活动支持政策,在促进科技成果转化工作中主动作为,结合自身科技创新优势和主责主业实现科学技术和应用市场的精准对接。

基于科技成果转化知识网络六要素的交互关系,对航空工业的科技成果转化实践进行分析,发现国有企业可从以下六方面着手推动科技成果转化。一是在技术与信息的融合维度,可线上线下搭建科技成果转化服务类平台,促进科技成果供需方多渠道、多角度、多方式的信息交互;二是在技术与资本的融合维度,可建立专项科技成果转化支持基金促进科技成果与资本的融合,助推不同成熟度的科技成果产业化落地;三是在技术、信息、资本的融合维度,针对不同科技成果采取多种转化方式实现技术多场景应用;四是在组织对整个网络的管理维度,全流程规范和保障科技成果转化管理和运营;五是在人力对整个网络的支撑维度,多种激励措施和考核评价体系加强专业人才队伍的建设培育；六是在环境对整个网络的影响维度，结合产业资源优势用足用好国家创新政策、激发创造活力等。

但身为大型中央企业，航空工业在科技成果转化上也面临着一些制度约束。一是国有企业科研人员无法享受个税优惠政策，航空工业成员单位大多是国有企事业单位，其科研人员是否可以享受高校、科研院所科技成果转化的税收优惠政策尚未明确。二是领导干部科技成果转化免责政策不明确。科技成果转化是一个复杂的系统工程，具有很大的不确定性和风险，领导干部在推进科技成果转化过程中有担忧和顾虑，在一定程度上影响了整个工作的推动。三是科技成果解密风险高。军工企业从事的工作及成果大多涉及国家秘密，一旦发生泄密事件，将对国家安全利益造成重大损失。同时，国防科技领域解密政策中关于解密的责任主体和程序等执行起来难度较大。这种情况导致一些科技成果产出单位因担心造成泄密，没有或者不敢有科技成果转化的意愿，不愿推动涉密的科技成果转化工作。四是科技成果转化新设公司受国企法人户数限制。科技创新与成果转化离不开金融资本的支持，金融资本更倾向于投资到由科技成果转化项目成立的法人实体，企业法人户数的限制性要求，一定程度上导致科技成果转化路径不畅，影响了科技成果转化工作的开展。

## 9.5　小结

本章以航空工业为研究对象，通过研究其科技成果转化成效与具体实践，并基于此进行科技成果转化的知识网络分析，从微观个体层面阐述和论证了我国国有企业科技成果转化的管理创新实践。航空工业科技成果转化的管理创新工作具有典型性和可推广性，具有理论研究价值和现实意义。一方面，航空工业科技创新实力强，创新资源丰富，并积极进行科技成果转化的推动，多次开展科技成果转化的管理创新升级，在促进科技成果转化上取得显著成效。另一方面，经过不断尝试，航空工业摸索出一条适合大型国有企业特点的科技成果转化创新管理机制，形成了以增加知识价值为导向的分配激励机制，最终实现技术存量转化为经济发展增量的加速升级。

基于航空工业的科技成果转化实践，从科技成果转化知识网络来分析，航空工业进行了全方位要素的管理创新。具体来看，航空工业在信息要素层面促进科技成果转化的信息交流；在技术要素层面加强技术培育孵化和技术优化管理；在资本要素层面建立成果孵化专项基金；在组织要素层面出台文件规范保障成果转化；在人力资本要素层面加强人才的培养激励；在外部环境要素层面积极响应国家政策。航空工业科技成果转化管理主要创新之举在于：一是搭建线上线下的信息交互平台；二是开拓技术的军民领域应用市场；三是建立保障研究开发与中试费用的融富基金；四是加强对人才的培养和激励；五是规范科技成果转化全流程的管理和运营。

航空工业的科技成果转化创新实践可以为其他国有企业提供管理创新经验。首先，建立科技成果转化的管理制度，规范运行机制和流程，并注重自身结构的优化以提高资源配置；其次，加强对技术的管理与向外对接，以市场需求为导向，开拓技术的应用市场；再次，注重对人才的培养和激励，为科技成果转化提供源源不断的创新活力；最后，提供专项资金支持，打造专业运营平台作为支撑，保障科技成果转化的顺利高效运营。从各要素相互作用来讲，国有企业可从以下六个方面着手推动科技成果转化：一是在技术与信息的融合维度，可线上线下搭建科技成果转化服务类平台，促进科技成果供需方多渠道、多角度、多方式的信息交互；二是在技术与资本的融合维度，可建立专项科技成果转化支持基金促进科技成果与资本的融合，助推不同成熟度的科技成果产业化落地；三是在技术、信息、资本的融合维度，针对不同科技成果采取多种转化方式实现技术多场景应用；四是在组织对整个网络的管理维度，全流程规范和保障科技成果转化管理和运营；五是在人力对整个网络的支撑维度，多种激励措施和考核评价体系加强专业人才队伍的建设培育；六是在环境对整个网络的影响维度，结合产业资源优势用足用好国家创新政策激发创造活力等。

航空工业在探索科技成果转化的管理创新上也受到政策上的约束，比如国有企业科研人员无法享受个税优惠政策，领导干部科技成果转化免责政策不明确，军转民科技成果解密风险高，科技成果转化新设公司受国企法人户数限制等，这些政策约束涉及政府、国家部委、企业行业属性等各个方面。因此，国有企业科技成果转化的管理创新要结合企业自身的发展定位和实际情况，并涉及不同部门不同层级的管制，各决策层应该根据企业的发展定位和实际情况，有的放矢地推动国有企业科技成果转化工作。

# 第10章 结论与展望

## 10.1 研究结论

本书以通过管理创新促进国有企业科技成果转化为目标,建立分析国有企业科技成果转化管理创新的 MSKN 模型,从宏观整体和微观个体两个角度进行分析。在宏观视角上,本书建立国有企业的科技成果转化管理系统,通过研究国有企业科技成果转化的目标定位、政策制度、技术管理、组织管理和外部环境,从整体上分析国有企业科技成果转化的现状和管理创新方法。在微观视角上,本书建立国有企业科技成果转化知识网络,从微观个体层面对国有企业科技成果转化的情况进行考察,根据知识网络的信息要素、技术要素、资本要素、组织要素、人力资本要素和外部环境要素进行科技成果转化管理上的评估判定和优化。基于此,为国有企业科技成果转化的管理优化提供理论研究的方法和实践的路径,为促进国有企业科技成果转化提供决策依据。具体来看,本书的主要结论包括以下六个方面。

第一,国有企业的发展方向与我国的发展阶段和发展战略息息相关。现阶段，国有企业的功能定位在于保障和完善中国特色社会主义制度，维护国家经济安全、社会和谐稳定，保障公共政策和国家战略目标。国有企业科技成果转化符合国有企业本身的功能定位，是服务于我国经济高质量发展的应有之举。同时，国有企业科技成果转化也有助于新时代企业自身的发展，将促进多种所有制经济协同发展，对我国经济社会的进步有着深远影响。

第二，国有企业科技成果转化的政策制度建设取得一定的成效，但还需要进一步完善。国家支持、鼓励、引导国有企业科技成果转化工作。法律上明确规定对国有企业技术研发人员、转化人员的激励，并鼓励国有企业完善多种激励分配机制。在实际的制度建设上，国有企业科技成果转化制度建设总体上处于起步阶段，不同企业集团之间制度建设存在显著差异性。地方法规建设的发展趋势紧跟中央政策法规建设的发展趋势，没有表现出明显的东西或南北区域差异。基于国有资产管理视角，国有企业科技成果转化的制度需要在权益处置、资产评估、人才激励、转化考核、容错机制等五个方面进行完善。

第三，技术成熟度不高是阻碍国有企业科技成果转化的重要因素之一，基于技术成熟度对科技成果进行优化管理，对于促进国有企业科技成果的应用实施意义重大。作为技术供给方，在推动科技成果走向市场的过程中，需要根据科技成果的技术成熟度对转化模式进行合理决策。技术成熟度与科技成果转化模式之间的合适匹配能显著促进科技成果的成功转化。为提高科技成果转化效率，国有企业应基于技术成熟度对其科技成果转化模式进行优化管理，针对处于不同技术成熟度的科技成果，应该优先选择与之相适应的转化模式。

第四，科技成果转化组织管理的改革创新可以提升国有企业科技成果转化效率。国家电网积极推进科技成果转化组织管理的改革创新，为其他国有企业提供了经验借鉴。国家电网通过健全科技成果转化工作管理制度体系，加强科技成果转化和知识产权运营机制，完善人才评价激励机制，发展创新融合共享机制，为促进科技成果转化实施提供了重要保障。国有企业应当结合自身属性和功能定位，优化组织管理，从而促进国有企业发展和实现企业使命。

第五，外部环境对于国有企业科技成果转化影响显著，且外界环境因素对于国有企业和民营企业的影响具有显著差异，适度加强知识产权保护水平、提高地区经济发展水平均有利于企业创新；相较于技术产品化阶段，知识产权保护水平、知识产权保护水平与经济发展水平交互作用在技术研发阶段的影响作用更突出；人力资本对于国有企业和民营企业的发展都极为重要。为了提高我国企业自主创新能力，保障创新者权益，各地区需要结合当地经济发展水平加强知识产权保护力度，吸引外部人才的流入。

第六，以航空工业为研究对象，基于科技成果转化知识网络理论，进行国有企业科技成果转化的案例分析。研究表明，国有企业促进科技成果转化可以在以下几个方面进行管理优化：建立科技成果转化的管理制度，规范运行机制和流程，注重自身结构的优化以提高资源配置；加强对技术的管理与向外对接，以市场需求为导向，开拓技术的应用市场；注重对人才的培养和激励，为科技成果转化提供源源不断的创新活力；提供专项资金支持，打造专业运营平台作为支撑，保障科技成果转化的顺利高效运营。国有企业科技成果转化的管理创新要结合企业自身的发展定位和实际情况，因涉及不同部门不同层级的管制，各决策层应该根据企业的发展定位和实际情况，有的放矢地推动国有企业科技成果转化工作。

## 10.2 理论创新和管理启示

### 10.2.1 理论创新

本书基于科技成果转化管理创新的要素与作用机制研究，建立了用于宏观整体分析的科技成果转化管理系统；结合科技成果转化的一般过程和知识网络理论，构建了用于微观个体分析的科技成果转化知识网络；建立了国有企业科技成果转化管理的分析模型概念图和MSKN分析模型。拓宽和深化了相关的理论研究，主要理论创新如下。

（1）解析和验证国有企业科技成果转化管理的构成要素与作用机制，建立国有企业的科技成果转化管理系统框架。

本书在国有企业科技成果转化涉及的公司治理理论、创新发展理论、组织管理理论基础之上,通过案例分析、实证分析的方法考证了国有企业科技成果转化管理创新的要素和作用机制,建立起以科技成果为核心,通过管理战略、管理结构、管理制度和管理过程的交互作用作为职能支撑,经外部环境与外界组织互动对接的,最终实现科技成果转化应用的国有企业科技成果转化管理系统框架。因此,本书丰富了国有企业管理创新的研究机制,为科技成果转化的管理创新提供了宏观整体上的理论分析框架。

(2) 首次结合知识网络理论和科技成果转化的一般过程路径,建立国有企业的科技成果转化知识网络框架。

结合科技成果转化的一般过程,基于知识网络理论,明确国有企业科技成果转化知识网络的要素与要求,构建国有企业科技成果转化知识网络要素的连接关系。基于此,对国有企业科技成果转化过程中各要素的网络构架要求与现实情况等关键性问题进行评估判断,从而有助于发现当下国有企业科技成果转化中面临的关键性障碍和优化路径。扩展了知识网络理论在技术转移领域的应用,进一步提升了知识网络理论对科技成果转化解析的适用性和力度。

(3) 在国有企业科技成果转化管理创新的构成要素与作用机制研究基础之上,结合知识网络理论,建立国有企业科技成果转化管理的 MSKN 理论分析模型。

基于科技成果转化形成的知识网络要素构成与连接关系,以及国有企业科技成果转化管理包含的从技术管理到外部环境分析的管理框架的建立,构建国有企业科技成果转化管理的分析模型。该分析模型包括科技成果转化的管理系统、科技成果转化的管理阶段、科技成果转化知识网络三部分,可适用于企业个体以及整体上的分析、企业战略行动的规划部署等动态研究,从而深化了国有企业管理创新的理论研究,丰富了科技成果转化的研究范式。

## 10.2.2 管理启示

对于国有企业科技成果转化,本书主要提供了以下五个方面的启示。

第一,国有企业科技成果转化的政策制度建设取得一定的成效,但还需要进一步完善。从国有资产管理视角来看,国有企业科技成果转化的制度需要在科技成果转化的权益处置、资产评估、人才激励、转化考核、容错机制等五个方面进行完善。

第二,技术成熟度不高是阻碍我国国有企业科技成果转化的重要因素。技术成熟度与科技成果转化模式之间的合理匹配能显著促进科技成果的成功转化。为提高科技成果转化效率,国有企业应基于技术成熟度对其科技成果转化模式进行优化管理,对于处于不同技术成熟度的科技成果,应该优先选择与之相适应的转化模式。

第三,科技成果转化的体制机制的改革创新可提升国有企业科技成果转化效率。国有企业应当结合自身定位,探索科技成果转化新思路,规范科技成果转化管理,拓宽科技成果转化模式,根据技术特点定制灵活的转化策略,加速科技成果的转化实施。

第四,外部环境因素对于国有企业科技成果转化影响显著。人力资本对于国有企业和民营企业的发展都极为重要,各地区若想促进企业的发展应当广泛引进人才,吸引外来人口的流入。为了提高企业自主创新能力,各地区需要结合经济发展水平加强知识产权保护。企业营商氛围对于民营企业的发展更为重要。政府研发补贴对于提升企业绩效的作用不显著,因而政府研发补贴政策的影响效果需要长期的验证。

第五,国有企业促进科技成果转化具体可以在以下几个方面进行管理优化:一是建立科技成果转化的管理制度,规范运行机制和流程,注重自身结构的优化以提高资源配置;二是加强对技术的管理与向外对接,以市场需求为导向,开拓技术的应用市场;三是注重对人才的培养和激励,为科技成果转化提供源源不断的创新活力;四是提供专项资金支持,打造专业运营平台,保障科技成果转化的顺利高效运营。

## 10.3 举措建议

综上可见，国有企业在科技成果转化过程中要深入贯彻落实党中央精神和国务院部署，紧扣创新发展要求，推动大众创新创业，充分发挥市场配置资源的决定性作用，完善国有企业科技成果转移转化政策环境，强化重点领域和关键环节的系统部署，强化技术、资本、人才、服务等创新资源的深度融合与优化配置，强化中央和地方协同推动科技成果转移转化，建立符合科技创新规律和市场经济规律的国有企业科技成果转移转化体系，促进科技成果资本化、产业化，形成经济持续稳定增长新动力。围绕国有企业科技成果转化过程，以实现"有的转（解决源头问题）→转得通（解决机制体制问题）→转的路（解决具体路径问题）→转得快（解决推动力问题）"为主线进行立法制度设计和突破，本书提出以下四方面建议。

1. 培育有市场应用前景的科技成果

一是建立以市场为导向的科技成果转化机制。首先要建立健全以市场为导向的科研项目立项机制。在一般应用型科技项目立项方面，建议各类科研基金的管理部门试行"市场出题、企业主导、科研单位申请、政府经费支持"的科研项目支持模式，使科技成果从最初的立项就以转化应用为导向。

二是引导重视创新成果的技术成熟度，推广科技成果技术成熟度评价，促进成熟的科技成果规模化应用。按照技术成熟度评价标准对关键技术成熟度进行审查，对科技成果转化的风险进行实时监控。在科技成果项目进行转化时，对关键技术是否达到足够成熟度进行评价和考核，判断是否具备进入下一阶段的条件。如果关键技术没有达到相应的成熟度等级，项目不能进入下一阶段进行转化，要及时调整计划，尽快开展技术攻关，促进技术成熟。

三是对科技成果的转化考核进行分类管理，尤其对于重大核心技术的成果转化建立长效的考核机制和容错机制。根据国有企业分类定位、分类管理的要求，对国有企业实施分类评价与考核，进一步完善重大产出导向的评价体系，将科技成果转移转化绩效作为企业创新绩效考核的重要指标，把对经济社会发展的实际贡献作为年度数据监测的一项重要内容。鼓励并指导国有企业在个人岗位晋升、绩效考核中，针对技术转移和科技成果转化工作情况制定差异化的评价标准。建立相对完善的评价考核机制，引入企业合作项目数、科技成果转化数、技术转化数等指标，制定符合科研人员业绩评价的指标体系，在评价科技成果转化的过程中，设立各种奖励，调动科研人员和科技成果转化人员的积极性。

2. 健全科技成果转化机制体制

一是制定国有企业科技成果转化方面的实施细则。按照《促转法》《实施〈中华人民共和国促进科技成果转化法〉若干规定》和《促进科技成果转移转化行动方案》的要求，结合国有企业成果转移转化的具体情况，重点解决国有企业科技成果的使用权、收益权和处置权下放，科技成果价值评估，决策免责机制等关键问题。

二是着力完善国有资本管理体制。重点是开展国有资本监管机构、国有资本投资运营公司、国有企业的联动改革，优化调整国有资本监管机构职能，修订权责清单。加强国有资本投资运营公司运作，采取股权注入、资本运作、收益投资等模式，服务国家战略、城市发展和国有企业改革。

三是着力推动混合所有制改革。重点是推动竞争类企业基本实现整体上市或核心业务资产上市，其他类型企业竞争性业务上市发展。淡化资本的区域、层级和所有制属性，实施横向联合、纵向整合以及专业化重组。深入推进员工持股，扩大试点范围，适度调整有关交易限制和持股比例。

四是着力激发企业内生动力。重点是健全市场化经营机制，在创投企业市场化运作、科技成果分享、国有企业工资决定机制、长效激励约束等方面加大探索力度，全面激发微观主体活力。在总结前期试点经验基础上，深化国有企业领导人员薪酬制度改革，探索更符合国有企业实际的薪酬分配制度。

五是落实和完善科技成果转化的领导和决策制度。推动国有企业及其下属研究所建立规范的科技成果转化规章制度、内控机制、规范流程，建立健全科技成果转化激励机制和容错纠错机制，为国有企业从事科技成果转化营造宽松的政策氛围，形成敢于转化、愿意转化的良好氛围。建议国务院国资委在相关管理办法、制度中进一步明确科技成果转化是单位"一把手"的重要职责之一，并进一步明确在科技成果转化中，在原始记录能够证明各级领导和研发人员履行勤勉尽责义务、没有牟取非法利益的前提下，免除定价中因转化后续价值变化产生的决策责任、因技术路线选择失误导致的难以完成预期目标的研发责任。

3. 促进科技成果转化工作举措

一是有效开展科技成果转化法律法规及相关政策制度的宣传、解读与咨询工作。建立专家团队进行定期的典型案例分享、经验交流的机制，帮助指导各国有企业具体开展科技成果转化工作。

二是优化国有企业科技成果转化流程。进一步推动科技成果处置权、收益权、使用权"三权"下放，由科技成果持有单位自主决定转让、许可或者作价投资，不需报主管部门审批。鼓励科技成果持有单位积极利用许可的形式开展转移转化，许可不需要第三方进行价值评估，可双方协议定价并公示。尤其考虑简化国有企业之间的科技成果作价投资的审批流程，建议由科技成果研发单位进行审批。

三是培养国有企业科技成果转移转化专业化人才。建立健全专业化技术转移服务机构，或委托独立的专业服务机构，开展科技成果转移转化工作。加强专业化队伍建设，开展技术经纪人（技术转移经理人）培训，培养一批具有技术转移转化、法律基础、知识产权管理、风险投资及国际技术转移等方面能力的科技成果转化复合型人才。

四是完善国有企业人才科技成果转化激励机制。深入总结先行先试企业解决科技成果奖励与工资总额限制之间的冲突的做法和经验，全面推广对科技成果做出重要贡献的国有企业科研人员和科技成果转化人才（技术经纪人和技术转移经理人）的激励措施，进一步落实科技成果激励不受工资总额限制。

五是强化国有企业科技成果的知识产权保护。有效开展《企业知识产权管理规范》的宣传、贯彻和实施工作。把知识产权保护落实到生产经营的每一个环节，促使企业的最高管理者成为知识产权管理的第一责任人，在战略层面上实现企业知识产权、研究开发、经营发展的"三位一体"。

六是建立健全重大装备首台（套）试运行机制。首台（套）重大技术装备是指国内实现重大技术突破、拥有知识产权、尚未取得市场业绩的装备产品。要以推进供给侧结构性改革为主线，推动首台（套）示范应用取得实质性进展，为装备制造业迈向中高端提供坚实保障。

七是搭建国有企业科技成果转化平台。建立面向技术供需双方的国有企业技术转移平台，开展线上与线下相结合的技术交易活动，提供技术展示、技术交易、技术定价、在线服务、技术投融资、转化咨询等专业化服务。在全国范围内遴选一批与国有企业的产业特点相匹配的科技产业园区，由国有企业、地方政府、产业基金等多方共建国有企业科技成果转化的科技产业园区，作为国有企业科技转化与地方产业协同发展先行先试的样板，加快国有企业科技成果转化工作的落地实施。

4. 加大科技成果产业化的扶持力度

一是研究出台国有企业科技成果产业化扶持政策。支持国有企业强化对自主创新项目的筛选、评估和知识产权保护，注重发挥咨询评估机构、行业协会、专家的作用，尤其是注意靠近市场的、来自企业专家的意见，促进科技成果转移和许可使用。使用财政科技资金开展研究开发所取得的科技成果要及时实施知识产权保护并通过网络、报刊等形式向社会公开发布（国家规定不能公开的除外）。有关公开发布的要求，须在项目合同中予以明确。扎实推进知识产权优势企业、优势县（市、区）培育和知识产权产业化工程，促进知识产权成果尽快转化成现实生产力。

二是探索"国有企业投入为主、金融资本竞相融入"的多元化资金投入机制。对国有企业科技成果转化合理安排财政资金投入，引导社会资金投入，推动科技成果转化资金投入的多元化。发挥国家科技成果转化引导基金等的杠杆作用，采取设立子基金、贷款风险补偿等方式，吸引社会资本投入，支持关系国计民生和产业发展的科技成果转化。通过优化整合后的技术创新引导专项（基金）、基地和人才专项，加大对符合条件的技术转移机构、基地和人才的支持力度。

三是国有企业科技成果与国有企业、地方产业发展结合。国有企业与地方的融合发展大有"文章"可做，既可形成创新链分工，也可搭建协同发展平台，将国有企业的技术、市场优势与地方生产制造配套优势结合起来，在全国各地因地制宜地打造先进制造业、新材料等产业集群；围绕推进科技创新加强合作，推动关键技术开发和科技成果在地方转化落地。

四是开展试点工作，选择一部分国有企业及其下属科研单位开展先行先试工作，参照一般科研机构或高校的转移转化的政策措施和实践经验开展转移转化工作，为科技成果转化探索路径、积累经验，为科技创新与成果转化创造较为宽松的政策环境。

## 10.4　不足与展望

本书存在一定的局限性和不足，但有望在以下方面进一步拓展未来的研究。

一是对技术管理研究的拓展。对于国有企业科技成果转化管理中的技术管理层面，本书仅从科技成果的技术成熟度一个属性进行了研究，科技成果能否成功转化实施与技术的其他属性也密切相关，比如专利价值、市场应用前景等，还可以在这些方面进一步开展研究。

二是对组织管理研究的拓展。本书以国家电网的科技成果转化管理体制机制创新为例，证明了组织创新对于科技成果转化的重要性，也为其他国有企业提供了组织管理创新的参考借鉴。但对于科技成果转化的流程优化、转化模式的管理创新等方面的研究不够深入。

三是对外界环境因素的拓展。基于国有企业的特殊属性，本书主要从国家政策制度、宏观经济社会环境两个方面对国有企业科技成果转化的外部环境因素进行分析。事实上，科技成果转化是一项面向市场的创新合作活动，市场环境、金融投资环境、创新文化环境等对国有企业科技成果转化也有一定影响。未来的研究可以进一步扩充和完善外界环境因素的影响与作用机制分析。

四是对 MSKN 理论模型指标的细化构建。本书虽然构建了用于分析国有企业科技成果转化管理创新的 MSKN 模型，规范了研究国有企业科技成果转化的分析层面、分析框架、具体指标和使用情况，但在具体指标的选择上还有待进一步细化和完善。此外，本书提出的 MSKN 模型，也可应用于分析其他创新主体的科技成果转化活动。

# 参考文献

[1] 卜广志. 武器装备体系的技术成熟度评估方法 [J]. 系统工程理论与实践, 2011, 31 (10): 1994-2000.

[2] 常修泽, 黄志亮, 毛元斌, 等. 现代企业创新论: 中国企业制度创新研究 [M]. 天津: 天津人民出版社, 1994.

[3] 常旭华, 陈强, 韩元建, 等. 基于我国高校科技成果转化模式的涉税问题研究 [J]. 科学学研究, 2018, 36 (4): 635-643.

[4] 常旭华, 陈强, 李晓, 等. 财政资助发明权利配置: 国家、单位、个人三元平衡分析 [J]. 中国软科学, 2019 (6): 13-21.

[5] 陈恒, 侯建. R&D投入、FDI流入与国内创新能力的门槛效应研究——基于地区知识产权保护异质性视角 [J]. 管理评论, 2017, 29 (6): 85-95.

[6] 陈泽宇. 我国技术转移制度的问题与分析——基于美对华的301调查报告 [J]. 科学学研究, 2019, 37 (3): 406-413.

[7] 程文渊, 许佳, 张慧, 等. 基于最佳实践的重大国防采办项目风险评估体系研究 [J]. 科研管理, 2017, 38 (3): 153-160.

[8] 程文渊, 张慧. 美军国防采办技术成熟度评价模型对比分析 [J]. 科研管理, 2015, 36 (S1): 157-161, 175.

[9] 代飞. 资本管理视角下央企混合所有制改革效应研究 [D]. 武汉：武汉理工大学，2018.

[10] 董大海. 中国国有企业基本理论导读 [M]. 北京：人民出版社，2020.

[11] 法约尔. 工业管理与一般管理 [M]. 北京：中国社会科学出版社，1982.

[12] 冯根福，郑明波，温军，等. 究竟哪些因素决定了中国企业的技术创新——基于九大中文经济学权威期刊和 A 股上市公司数据的再实证 [J]. 中国工业经济，2021（01）：17-35.

[13] 巩雪. 政策不确定性、融资约束与企业绩效：基于国有、民营上市公司的经验数据 [J]. 预测，2021，40（01）：24-30.

[14] 顾功耘，胡改蓉. 国企改革的政府定位及制度重构 [J]. 现代法学，2014，36（03）：81-91.

[15] 顾夏铭，陈勇民，潘士远. 经济政策不确定性与创新——基于我国上市公司的实证分析 [J]. 经济研究，2018，53（02）：109-123.

[16] 韩晨，高山行. 政府支持提升国有企业管理创新的作用机理和情境调节 [J]. 管理学刊，2018，31（3）：23-31.

[17] 韩莹，陈国宏. 科技投资、知识产权制度与区域创新能力——基于我国省际面板数据的双重门槛效应分析 [J]. 科技管理研究，2018（1）：11-17.

[18] 何波，何跃，陈瑜. 企业组织结构创新的现状及发展趋势研究 [J]. 西南民族大学学报（人文社科版），2004（11）：194-197.

[19] 何丽敏，刘海波，张亚峰. 知识产权保护与经济水平对技术创新的作用机制研究 [J]. 科技进步与对策，2019，36（24）：136-142.

[20] 何立胜，陈元志. 国有企业创新发展状况与高管认知 [J]. 改革，2016（12）：37-45.

[21] 贺德方. 对科技成果及科技成果转化若干基本概念的辨析与思考 [J]. 中国软科学，2011（11）：1-7.

[22] 胡罡，章向宏，刘薇薇，等. 地方研究院：高校科技成果转化模式新探索 [J]. 研究与发展管理，2014，26（3）：122-128.

[23] 胡良才. 国有资产出资人法律制度研究 [D]. 重庆：西南政法大学，2015.

[24] 胡书金，陈正其，刘濛. 京津冀技术势差与技术转移的内在机理分析 [J]. 宏观经济研究，2018（5）：149-159.

[25] 黄群慧. 改革开放四十年中国企业管理学的发展——情境、历程、经验与使命 [J]. 管理世界, 2018, 34 (10): 86-94, 232.

[26] 江杨, 林丽珍. 我国科技成果转化管理体系探讨 [J]. 农业科研经济管理, 2019 (1): 21-24.

[27] 姜影. 法国国有企业管理体制改革的历程及成效 [J]. 法学, 2014 (06): 61-71.

[28] 蒋兴旺. 国有企业领导制度研究 [M]. 大连: 东北财经大学出版社, 2011.

[29] 焦明宇. 我国国有企业组织结构变革研究 [D]. 北京: 首都经济贸易大学, 2012.

[30] 靳巧花, 严太华. 自主研发与区域创新能力关系研究——基于知识产权保护的动态门限效应 [J]. 科学学与科学技术管理, 2017, 38 (2): 148-157.

[31] 荆树伟, 牛占文. 企业管理创新的概念及内容界定 [J]. 中国管理科学, 2014, 22 (S1): 654-658.

[32] 剧锦文. 改革开放 40 年国有企业所有权改革探索及其成效 [J]. 改革, 2018 (06): 38-48.

[33] 兰衍霏. 网络化研发组织模式对成员组织结构创新的影响研究 [D]. 长春: 吉林财经大学, 2015.

[34] 李波, 王林丽. 转型时期国有企业管理创新特征研究 [J]. 河南社会科学, 2018, 26 (9): 72-76.

[35] 李勃昕, 韩先锋, 李宁. 知识产权保护是否影响了中国 OFDI 逆向创新溢出效应? [J]. 中国软科学, 2019 (3): 46-60.

[36] 李德强. 现代企业制度下的国有企业党的建设研究 [D]. 北京: 中国社会科学院研究生院, 2016.

[37] 李方, 张胜. 高校隐性知识转移与企业技术许可接受 [J]. 科学学研究, 2019, 37 (5): 866-877.

[38] 李光连. 浅析国有企业科技成果转化及产业化中存在问题 [J]. 中国农业信息, 2013 (7): 37.

[39] 李静晶, 庄子银. 知识产权保护对我国区域经济增长的影响 [J]. 科学学研究, 2017, 35 (4): 557-564.

[40] 李文. 技术创新、制度创新协同演化视角下中国钢铁产业升级实证研究 [D]. 沈阳：辽宁大学，2019.

[41] 李燚. 管理创新中的组织学习 [M]. 北京：经济管理出版社，2007.

[42] 梁海萍. 国有大型企业领导人绩效考核的创新设计研究 [D]. 上海：上海交通大学，2013.

[43] 刘剑锋，潘君镇，尹海庆，等. 国有企业在科技成果转化中的知识产权问题研究 [J]. 中国发明与专利，2015（11）：38-39.

[44] 刘树林，韩渭，韩书成. 我国高技术产业创新效率的制度贡献及其异质性 [J]. 科技进步与对策，2018，35（17）：75-82.

[45] 骆严，焦洪涛. 政府资助科技项目成果转化中国有资产管理制度的障碍及对策 [J]. 中国科技论坛，2015（5）：23-29.

[46] 马锋. 中国科学院科技成果转化中国有资产管理问题研究 [D]. 合肥：中国科学技术大学，2019.

[47] 马宽，王崑声. 广义技术成熟度评价模型 [J]. 系统工程理论与实践，2017，37（3）：735-741.

[48] 马银波. 我国高校科技成果转化管理服务存在的问题及完善对策 [J]. 武汉理工大学学报（社会科学版），2020，33（04）：115-122.

[49] 毛程连. 国有资产管理学 [M]. 上海：复旦大学出版社，2005.

[50] 孟范祥，张文杰，杨春河. 西方企业组织变革理论综述 [J]. 北京交通大学学报（社会科学版），2008（02）：89-92.

[51] 孟牟俨俨. 高校科技成果转化制度的完善研究 [D]. 成都：西南交通大学，2018.

[52] 莫童. 国有资产管理与资本运营 [M]. 上海：上海交通大学出版社，2004.

[53] 穆艳杰，张忠跃. 新时期我国国有企业分类改革问题研究 [J]. 当代经济研究，2018（03）：75-80.

[54] 聂小云，何凤兰，李晔. 基于TRL的海洋能装备技术成熟度等级划分及评估研究 [J]. 可再生能源，2018，36（11）：1731-1738.

[55] 戚涌，朱婷婷，郭逸. 科技成果市场转化模式与效率评价研究 [J]. 中国软科学，2015（6）：184-192.

[56] 芮明杰. 超越一流的智慧：现代企业管理的创新 [M]. 上海：上海译文出

版社, 1994.

[57] 沈慧君, 徐戈, 黄灿. 高校技术排他性许可影响因素的实证研究 [J]. 科学学研究, 2019, 37 (6): 1033-1042.

[58] 宋河发, 吴博, 吕磊. 促进科技成果转化知识产权实施权制度研究 [J]. 科学学研究, 2016, 34 (9): 1319-1325.

[59] 苏敬勤, 林海芬. 管理创新研究视角评述及展望 [J]. 管理学报, 2010, 7 (09): 1343-1349, 1357.

[60] 谭一鸣. 国有企业科技成果转化政策适用分析及建议——转化激励与国资管理 [J]. 科技与创新, 2020 (13): 114-116, 118.

[61] 汪嫚. 我国企业科技成果转化绩效评价及对策研究 [D]. 重庆: 重庆大学, 2014.

[62] 王东京. 国企改革攻坚的路径选择与操作思路 [J]. 管理世界, 2019, 35 (02): 1-6.

[63] 王桂月. 基于知识管理的高校科技成果转化研究 [D]. 天津: 天津大学, 2009.

[64] 王红柳. 企业科技成果转化的问题分析与对策研究 [J]. 商场现代化, 2007 (21): 25-27.

[65] 王辉坡. 科技成果转化的知识管理及对策研究 [D]. 哈尔滨: 哈尔滨工程大学, 2007.

[66] 王永. 转型时期我国国有企业管理创新特征与动力机制研究 [M]. 合肥: 中国科学技术大学出版社, 2014.

[67] 吴超鹏, 唐菂. 知识产权保护执法力度、技术创新与企业绩效——来自中国上市公司的证据 [J]. 经济研究, 2016, 51 (11): 125-139.

[68] 吴龙刚, 曾相戈, 高欣. 基于资源和成熟度要素的工业体系能力评价模型 [J]. 科研管理, 2017, 38 (S1): 666-671.

[69] 吴寿仁. 中国科技成果转化40年 [J]. 中国科技论坛, 2018 (10): 1-15.

[70] 吴燕生. 技术成熟度及其评价方法 [M]. 北京: 国防工业出版社, 2012.

[71] 武常岐, 张林. 国企改革中的所有权和控制权及企业绩效 [J]. 北京大学学报 (哲学社会科学版), 2014, 51 (5): 149-156.

[72] 武常岐, 钱婷, 张竹, 等. 中国国有企业管理研究的发展与演变 [J]. 南

开管理评论，2019，22（04）：69-79，102.

[73] 肖红军. 国有企业社会责任的发展与演进：40年回顾和深度透视[J]. 经济管理，2018，40（10）：5-26.

[74] 肖尤丹. 科技成果转化逻辑下被误解的《拜杜法》——概念、事实与法律机制的厘清[J]. 中国科学院院刊，2019，34（8）：874-885.

[75] 谢兴华，资智洪. 高校科技成果转化的路径探索与实践——以华南理工大学为例[J]. 科技管理研究，2018，38（24）：109-114.

[76] 邢晓昭，李善青，赵辉. 科技成果转化成熟度评价研究进展[J]. 科技管理研究，2018，38（13）：71-76.

[77] 熊若晨. 小批生产下航空工艺制造成熟度评价体系研究[D]. 南昌：南昌航空大学，2018.

[78] 徐洁. 科技成果转化的制度障碍与消除——以加快建设创新型国家为旨要[J]. 现代法学，2018，40（2）：119-131.

[79] 徐雷，潘珺. 知识网络等相关概念比较分析[J]. 情报科学，2017，35（12）：10-15.

[80] 徐明波. 如何畅通高校科技成果转化体制机制——以一项技术专利成功转化为例[J]. 中国高校科技，2020（5）：92-96.

[81] 许可，刘海波，肖冰. 基于边界组织的技术转移服务机构新范式[J]. 科学学研究，2019，37（07）：1231-1237.

[82] 许可，肖冰，贺宁馨. 技术转移理论演进与前沿——由中美贸易战引发的思考[J]. 财经论丛，2019（01）：12-20.

[83] 许召元，张文魁. 国企改革对经济增速的提振效应研究[J]. 经济研究，2015，50（04）：122-135.

[84] 杨晨，施学哲. 价值链视角下高校科技成果转化管理的规程创新[J]. 科技管理研究，2009，29（4）：107-108.

[85] 杨良选. 技术成熟度多维评估模型研究[D]. 哈尔滨：中国人民解放军国防科学技术大学，2011.

[86] 杨武松，赵业新. 科技成果转化中国有无形资产管理的制度障碍与对策[J]. 中国科技论坛，2015（12）：5-9.

[87] 叶建木，张洋，潘肖瑶，等. "休眠态"科技成果影响因素及形成机制研究

[J]. 科技进步与对策, 2021, 38 (06): 1-10.

[88] 于茂荟. 供应链创新、研发组织结构与企业创新绩效 [J]. 科学学研究, 2021, 39 (02): 375-384.

[89] 袁忆, 张旭, 郭菊娥. 科技成果转化价值活动的商业模式探析 [J]. 管理评论, 2019, 31 (7): 13-21.

[90] 张江. 国有企业科技成果转化及产业化中存在问题的浅析 [J]. 商场现代化, 2007 (3): 259-260.

[91] 张金艳. 经济法视域下我国技术创新的国家干预研究 [D]. 上海: 华东政法大学, 2019.

[92] 张康之. 论复杂性和不确定性条件下的组织目标 [J]. 江海学刊, 2019 (02): 138-146, 255.

[93] 张倩. 国有经济在加快中国经济发展方式转变中的主导作用研究 [D]. 长春: 吉林大学, 2014.

[94] 张劲. 外部治理环境、两权分离度与企业研发投入 [D]. 杭州: 浙江工商大学, 2020.

[95] 张士运. 技术转移体系建设理论与实践 [M]. 北京: 中国经济出版社, 2014.

[96] 张树满, 原长弘, 李妍, 等. 协同科技创业与科技成果的有效转化——基于西安光机所的案例研究 [J]. 科学学研究, 2018, 36 (4): 644-653.

[97] 张文斐. 职务科技成果混合所有制的经济分析 [J]. 软科学, 2019, 33 (5): 51-54, 64.

[98] 赵莎莎, 张新宁. 科技成果转化引导基金子基金的质量管理研究 [J]. 科学学研究, 2018, 36 (10): 1790-1794.

[99] 周密, 申婉君. 研发投入对区域创新能力作用机制研究——基于知识产权的实证证据 [J]. 科学学与科学技术管理, 2018, 39 (8): 26-39.

[100] 周小林, 武思宏, 李骞, 等. 技术就绪度方法在国家科技计划项目评估中的应用 [J]. 科技管理研究, 2017, 37 (3): 158-162.

[101] 周颖洁, 张长立. 试析西方组织理论演变的历史逻辑 [J]. 现代管理科学, 2007 (05): 68-69, 80.

[102] 周志强, 李舜, 王洁莹. 民营企业参与国有企业混合所有制改革的协同治

理研究——基于分享经济理论的视角 [J]. 江淮论坛, 2020 (04): 126-131.

[103] 卓黎黎. 中国检察管理模式创新研究 [D]. 长春：吉林大学, 2013.

[104] 黄孝武, 任亚奇, 余杰. 宏观经济不确定性与上市公司盈余管理——来自上市公司的经验分析 [J]. 统计与决策, 2021, 37 (01): 174-177.

[105] 李建花, 张红辉. 协同创新科技管理体制机制设计——以宁波为例 [J]. 科技进步与对策, 2016, 33 (22): 98-102.

[106] 易继明. 构建集中统一的知识产权行政管理体制 [J]. 清华法学, 2015, 9 (06): 137-155.

[107] 张旭, 王天蛟. 中国特色社会主义国有企业管理体制的形成、发展与超越 [J]. 经济纵横, 2020 (12): 2, 25-35.

[108] 张雨. 农业科技成果转化运行机制研究 [D]. 北京：中国农业科学院, 2005.

[109] 理查德·斯科特, 杰拉尔德·戴维斯. 组织理论：理性、自然与开放系统的视角 [M]. 高俊山, 译. 北京：中国人民大学出版社, 2011.

[110] Abramov A, Radygin A, Chernova M. State-owned enterprises in the Russian market: Ownership structure and their role in the economy [J]. Russian Journal of Economics, 2017, 3 (1): 1-23.

[111] Aivazian V A, Ge Y, Qiu J. Can corporatization improve the performance of state-owned enterprises even without privatization? [J]. Journal of Corporate Finance, 2005, 11 (5): 791-808.

[112] Armbruster H, Bikfalvi A, Kinkel S, et al. Organizational innovation: The challenge of measuring non-technical innovation in large-scale surveys [J]. Technovation, 2008, 28 (10): 644-657.

[113] Belloc F. Corporate governance and innovation: A survey [J]. Journal of Economic Surveys, 2012, 26 (5): 835-864.

[114] Belloc F. Innovation in state-owned enterprises: Reconsidering the conventional wisdom [J]. Journal of Economic Issues, 2014, 48 (3): 821-848.

[115] Benghozi P J. Managing innovation: From ad hoc to routine in French Telecom [J]. Organization Studies, 1990, 11 (4): 531-554.

[116] Birkinshaw J M, Mol M J. How management innovation happens [J]. MIT Sloan Management Review, 2006, 47 (4): 81-88.

[117] Birkinshaw J, Hamel G, Mol M J. Management innovation [J]. Academy of Management Review, 2008, 33 (4): 825-845.

[118] Bond SR. Dynamic panel data models: A guide to micro data methods and practice [J]. Portuguese Economic Journal, 2002, 1 (2): 141-162.

[119] Bruton G D, Peng M W, Ahlstrom D, et al. State-owned enterprises around the world as hybrid organizations [J]. Academy of Management Perspectives, 2015, 29 (1): 92-114.

[120] Burns T E, Stalker G M. The management innovation [J]. Administrative Science Quarterly, 1961, 8 (2): 1185-1209.

[121] Cappellin R. Knowledge creation and innovation in medium technology clusters [J]. Contributions to Conflict Management Peace Economics & Development, 2012, 20: 185-216.

[122] Cuervo-Cazurra A, Inkpen A, Musacchio A, et al. Governments as owners: State-owned multinational companies [J]. Journal of International Business Studies, 2014, 45 (8): 919-942.

[123] Daft R L. A dual-core model of organizational innovation [J]. Academy of Management Journal, 1978, 21 (2): 193-210.

[124] Dai X, Cheng L. Public selection and research and development effort of manufacturing enterprises in China: State-owned enterprises versus non-state-owned enterprises [J]. Innovation, 2015, 17 (2): 182-195.

[125] Damanpour F, Evan W M. Organizational innovation and performance: The problem of "organizational lag" [J]. Administrative Science Quarterly, 1984, 29 (3): 392-409.

[126] Damanpour F. The adoption of technological, administrative, and ancillary innovations: Impact of organizational factors [J]. Journal of Management, 1987, 13 (4): 675-688.

[127] Damanpour F, Schneider M. Phases of the adoption of innovation in organizations: effects of environment, organization and top managers [J]. British Jour-

nal of Management, 2006, 17 (3): 215-236.

[128] Dobni C B. Measuring innovation culture in organizations [J]. European Journal of Innovation Management, 2013, 11 (4): 539-559.

[129] Eisenhardt K M, Martin J A. Dynamic capabilities: What are they? [J]. Strategic Management Journal, 2000, 21 (10-11): 1105-1121.

[130] Eisenhardt K M. Building theories from case study research [J]. Academy of Management Review, 1989, 14 (4): 532-550.

[131] Filieri R, McNally R C, O'Dwyer M, et al. Structural social capital evolution and knowledge transfer: Evidence from an Irish pharmaceutical network [J]. Industrial Marketing Management, 2014, 43 (3): 429-440.

[132] Freeman R E, Reed D L. Stockholders and stakeholders: A new perspective on corporate governance [J]. California Management Review, 1983, 25 (3): 88-106.

[133] Gallego J, Rubalcaba L, Hipp C. Organizational innovation in small European firms: A multidimensional approach [J]. International Small Business Journal, 2013, 31 (5): 563-579.

[134] Gross E. The definition of organizational goals [J]. The British Journal of Sociology, 1969, 20 (3): 277-294.

[135] Grossman S J, Hart O D. Foundations of Insurance Economics [M]. Dordrecht: Springer, 1992.

[136] Guan J, Chen K. Modeling the relative efficiency of national innovation systems [J]. Research Policy, 2012, 41 (1): 102-115.

[137] Guan J, Zuo K. A cross-country comparison of innovation efficiency [J]. Scientometrics, 2014, 100 (2): 541-575.

[138] Guillén M F. Models of management: Work, authority, and organization in a comparative perspective [M]. Chicago: University of Chicago Press, 1994.

[139] Hamel G. The why, what, and how of management innovation [J]. Harvard Business Review, 2006, 84 (2): 72.

[140] Hecker A, Ganter A. The influence of product market competition on technological and management innovation: Firm-level evidence from a large-scale survey

[J]. European Management Review, 2013, 10 (1): 17-33.

[141] Inkpen AC, Tsang EWK. Social capital, networks, and knowledge transfer [J]. Academy of Management Review, 2005, 30 (1): 146-165.

[142] Kim Y K, Lee K, Park W G, et al. Appropriate intellectual property protection and economic growth in countries at different levels of development [J]. Research Policy, 2012, 41 (2): 358-375.

[143] Klein M A. Foreign direct investment and collective intellectual property protection in developing countries [J]. Journal of Economic Behavior & Organization, 2018, 149: 389-412.

[144] Kraśnicka T, Głód W, Wronka-Pośpiech M. Management innovation, pro-innovation organisational culture and enterprise performance: Testing the mediation effect [J]. Review of Managerial Science, 2018, 12 (3): 737-769.

[145] Kraus S, Pohjola M, Koponen A. Innovation in family firms: An empirical analysis linking organizational and managerial innovation to corporate success [J]. Review of Managerial Science, 2012, 6 (3): 265-286.

[146] Kulve H T, Smit W A. Civilian-military co-operation strategies in developing new technologies [J]. Research policy, 2003, 32 (6): 955-970.

[147] Liang H, Ren B, Sun S L. An anatomy of state control in the globalization of state-owned enterprises [J]. Journal of International Business Studies, 2015, 46 (2): 223-240.

[148] Lin K J, Lu X, Zhang J, et al. State-owned enterprises in China: A review of 40 years of research and practice [J]. China Journal of Accounting Research, 2020, 13 (1): 31-55.

[149] Lynch L M. The adoption and diffusion of organizational innovation: evidence for the US economy [R]. Bonn: IZA Institute of Labor Economics, 2007.

[150] Mazzucato M. The entrepreneurial state [J]. Soundings, 2011, 49 (49): 131-142.

[151] Mentzas G, Apostolou D, Young R, et al. Knowledge networking: a holistic solution for leveraging corporate knowledge [J]. Journal of Knowledge Management, 2001, 13 (3): 313-332.

[152] Mohan K, Jain R, Ramesh B. Knowledge networking to support medical new product development [J]. Decision Support Systems, 2007, 43 (4): 1255-1273.

[153] Mol M J, Birkinshaw J. The sources of management innovation: When firms introduce new management practices [J]. Journal of Business Research, 2009, 62 (12): 1269-1280.

[154] Mothe C, Thi T U N. The link between non-technological innovations and technological innovation [J]. European Journal of Innovation Management, 2010, 13 (3): 313-332.

[155] Moultrie J, Nilsson M, Dissel M, et al. Innovation spaces: Towards a framework for understanding the role of the physical environment in innovation [J]. Creativity and Innovation Management, 2007, 16 (1): 53-65.

[156] Peng M W, Bruton G D, Stan C V, et al. Theories of the (state-owned) firm [J]. Asia Pacific Journal of Management, 2016, 33 (2): 293-317.

[157] Phelps C, Heidl R, Wadhwa A. Knowledge, networks, and knowledge networks: A review and research agenda [J]. Journal of Management, 2012, 38 (4): 1115-1166.

[158] Propper C. Agency and incentives in the NHS internal market [J]. Social Science & Medicine, 1995, 40 (12): 1683.

[159] Ramzi T, Salah AB. The determinants of innovation capacity in the less innovative countries in the Euro-Mediterranean Region [J]. Journal of the Knowledge Economy, 2018, 9 (2): 1-18.

[160] Robertson M, Scarbrough H, Swan J. Knowledge, networking and innovation: Developing the process perspective [Z]. New York: Academy of Management, 2003.

[161] Rottman J W. Successful knowledge transfer within offshore supplier networks: A case study exploring social capital in strategic alliances [J]. Journal of Information Technology, 2008, 23 (1): 31-43.

[162] Ruff F. Corporate foresight: Integrating the future business environment into innovation and strategy [J]. International Journal of Technology Management, 2006, 34 (3-4): 278-295.

[163] Jing R, McDermott E P. Transformation of state-owned enterprises in China: A strategic action model [J]. Management and Organization Review, 2013, 9 (1): 53-86.

[164] Sappington D E M. Incentives in principal-agent relationships [J]. Journal of Economic Perspectives, 1991, 5 (2): 45-66.

[165] Savchenko T B, Rogov V Y, Shadov G I, et al. Methodological approaches to the management of innovative development of an enterprise [J]. Asian Social Science, 2015, 11 (8): 243-252.

[166] Seufert A, Krogh GV, Back A. Towards knowledge networking [J]. Journal of Knowledge Management, 1999, 3 (3): 180-190.

[167] Shao S, Hu Z, Cao J, et al. Environmental regulation and enterprise innovation: A review [J]. Business Strategy and the Environment, 2020, 29 (3): 1465-1478.

[168] Shaomin, Li, Jun, et al. Control modes and outcomes of transformed state-owned enterprises in China: An empirical test [J]. Management & Organization Review, 2015.

[169] Sharda R, Frankwick G L, Turetken O. Group knowledge networks: A framework and an implementation [J]. Information Systems Frontiers, 1999, 1 (3): 221-239.

[170] Stan C V, Peng M W, Bruton G D. Slack and the performance of state-owned enterprises [J]. Asia Pacific Journal of Management, 2014, 31 (2): 473-495.

[171] Stata R. Organizational learning: The key to management innovation [J]. MIT Sloan Management Review, 1989, 30 (3): 63.

[172] Szamosszegi A, Kyle C. An analysis of state-owned enterprises and state capitalism in China [R]. Washington: Capital Trade, Incorporated for US-China Economic and Security Review Commission, 2011.

[173] Teece D J. The diffusion of an administrative innovation [J]. Management Science, 1980, 26 (5): 464-470.

[174] Teece D J. Profiting from technological innovation: Implications for integration,

collaboration, licensing and public policy [J]. Research policy, 1986, 15 (6): 285-305.

[175] Thompson J D, Mcewen W J. Organizational goals and environment: Goal-setting as an interaction process [J]. American Sociological Review, 1958, 23 (1): 23-31.

[176] Tidd J. Innovation management in context: Environment, organization and performance [J]. International Journal of Management Reviews, 2001, 3 (3): 169-183.

[177] Tõnurist P. Framework for analysing the role of state-owned enterprises in innovation policy management: The case of energy technologies and Eesti Energia [J]. Technovation, 2015, 38: 1-14.

[178] Vaccaro I G, Jansen J J P, Van Den Bosch F A J, et al. Management innovation and leadership: The moderating role of organizational size [J]. Journal of Management Studies, 2012, 49 (1): 28-51.

[179] Wang J, Guthrie D, Xiao Z. The rise of SASAC: Asset management, ownership concentration, and firm performance in China's capital markets [J]. Management & Organization Review, 2012, 8 (2): 253-281.

[180] Wang J. The political logic of corporate governance in China's state-owned enterprises [J]. Cornell Int'l LJ, 2014, 47: 631.

[181] Wang Y L, Ellinger A D. Organizational learning: Perception of external environment and innovation performance [J]. International Journal of Manpower, 2011, 32 (5-6): 512-536.

[182] Wei Y, Liu X. Productivity spillovers from R&d, exports and FDI in China's manufacturing sector [J]. Journal of International Business Studies, 2006, 37 (4): 544-557.

[183] Wood R C. How strategic innovation really gets started [J]. Strategy & Leadership, 2007, 35 (1): 21-29.

[184] Tsui A S, Bian Y. China's domestic private firms: Multidisciplinary perspectives on management and performance [M]. Beijing: Peking University Press, 2012.

[185] Yin R K. Case study research: Design and methods [J]. Journal of Advanced

Nursing, 2010, 44 (1): 108-108.

[186] Zhang C. How much do state-owned enterprises contribute to China's GDP and employment? [J]. Washington: World Bank, 2019.

[187] Zhu Q, Liu J, Lai K. Corporate social responsibility practices and performance improvement among Chinese national state-owned enterprises [J]. International Journal of Production Economics, 2016, 171: 417-426.